LA REVOLUCIÓN REBELDE

JUAN LUIS ALONSO FRESCO

LA REVOLUCIÓN REBELDE

Grijalbo

La revolución Rebelde

Primera edición en España: 2007
Primera edición en México para Random House Inc.: 2007
Primera edición en México: 2008

D. R. © 2007, Juan Luis Alonso Fresco

D. R. © 2007, derechos exclusivos para todo el mundo:
    Espejo de Tinta, S. L.
    C/ Núñez de Balboa, 37 4º izd. – 28001 Madrid
    Teléfono: 91 700 00 41
    e-mail: editorial@espejodetinta.es
    www.espejodetinta.es

D. R. © 2007, derechos exclusivos para México, E.U.A y Latinoamérica:
    Random House Mondadori, S. A. de C. V.
    Av. Homero No. 544, Col. Chapultepec Morales,
    Del. Miguel Hidalgo, C. P. 11570, México, D. F.

Diseño de cubierta: Manuel García y Nieves Barco
D. R. © Fotografía de cubierta e interior: KORPA

www.randomhousemondadori.com.mx

Comentarios sobre la edición y contenido de este libro a:
literaria@randomhousemondadori.com.mx

ISBN: 978-970-810-229-2
ISBN (Random House Inc.): 978-030-739-224-4

Impreso en México / *Printed in Mexico*

A Juanan, por ayudarme
a ser rebelde con causa.

ÍNDICE

RBD, LA REVOLUCIÓN

El 4 de octubre de 2004 se puso en marcha una maquinaria que ya nadie puede parar. Ese día comenzaron las emisiones de una serie de televisión que ha cambiado las vidas de millones de jóvenes de todo el mundo.

Chicos y chicas de distintos idiomas y nacionalidades responden a un mismo grito: «Rebelde».

Apenas fueron necesarios unos días para que los jóvenes mexicanos comenzaran a paralizar sus actividades diarias y seguir las andanzas de Mía Colucci, Miguel Arango, Roberta, Diego, Giovanni, Lupita… algunos de los personajes de la serie juvenil.

Esos nombres pronto comenzaron a transformar las vidas de los adolescentes de medio mundo y a impregnarlos del espíritu rebelde del alumnado del Elite Way School, una carísima escuela de afamada reputación internacional donde los alumnos consiguen la formación necesaria para alcanzar en sus vidas el éxito profesional y donde empiezan a sentir el dulce sabor del primer amor y también el rastro amargo de la traición.

Pasiones, luchas, rupturas, lágrimas, risas y amor...

Mucho amor terminará entrelazando caprichosamente las vidas de Mía, Miguel, Giovanni, Lupita, Diego y Roberta, llevándoles finalmente a iniciar un proyecto transgresor y fuera de las normas del estricto centro escolar: la formación del grupo musical RBD.

Ficción y realidad se fundían en unos meses, convirtiendo al grupo de la serie en un fenómeno de las listas de ventas de los mejores y más importantes mercados musicales.

Desde Japón a Brasil, pasando por España, Colombia o Rumania, RBD se ha convertido en un fenómeno social imparable. Un misil hacia el éxito que ha arrastrado a los seis jóvenes a una vorágine de vida inimaginable para ellos cuando se presentaron al *casting* de la serie *Rebelde*.

«Nos dijeron que teníamos que cantar, bailar y actuar, porque íbamos a hacer un grupo junto con la telenovela —recuerda Dulce—. Pero jamás nos imaginamos que iba a saltar y que iba a llegar a donde ha llegado».[1]

Tal y como relata la pelirroja de RBD, el proyecto televisivo contemplaba que dentro de la trama de la historia habría de surgir un grupo musical que animara las enrevesadas tramas de la telenovela. Lo que no podía suponer ninguno de ellos es que la ficción se convertiría en realidad y les obligaría a abandonar los muros de su colegio en la serie para terminar actuando en lugares tan alejados de su México natal como el Estadio Maracaná de Brasil o el Palacio de los Deportes de Madrid.

«Me he preguntado muchas veces por qué ha sido tan

exitoso RBD —reflexiona Christopher—. Sabemos que entramos en un buen momento, que existe la mercadotecnia, pero la clave del éxito ha sido nuestra sencillez y el tener en todo momento los pies bien puestos en la tierra».[2]

Para los más críticos, RBD es sólo un producto perfecto de mercadotecnia. Algo así como un producto de laboratorio tras el que se esconde poco talento y mucho dinero para vender un producto de escasa calidad.

Para los fans de RBD, tras el grupo se esconde una manera de vivir, una filosofía, unas canciones que hacen vibrar sus corazones.

«Nuestra responsabilidad —afirma Anahí— es enviar siempre mensajes positivos, que son parte de nuestra forma de pensar. A todos nos encanta decir en nuestros conciertos que RBD quiere paz, que no queremos guerras, que no queremos drogas... Lo que más deseamos todos es que quien siga a RBD siga algo positivo».[3]

Tal vez, ese mensaje limpio y tan alejado de la apología de la violencia, el sexo o la intolerancia que hacen otras estrellas del rock, sea la clave de su éxito. La realidad es que sus discos arrasan en ventas y sus conciertos llenan estadios, superando y batiendo récords aparentemente inalcanzables de estrellas como Madonna o los Rolling Stones. Un éxito inesperado teniendo en cuenta que alguno de ellos, como, por ejemplo, Poncho, jamás había cantado.

Poncho no se puede creer que sea cierta la noticia que asegura que Israel se paraliza todas las tarde a la hora de la emisión de *Rebelde*, y que por un momento palestinos e israelíes compartan su amor por la serie. Un hecho sin precedentes que deja sin palabras al resto de miembros de RBD.

«No hay palabras para describir lo que se siente cuando la gente que aún no te conoce o no entiende tu idioma corea tus canciones como si de verdad se identificaran con ellas».[4]

El primer trabajo de RBD salía en el año 2005. Su título fue *Rebelde*, el mismo que el de la telenovela que en esos momentos les daba el éxito. De él salen títulos como *Sólo quédate en silencio, Un poco de amor, Sálvame* y el archiconocido *Rebelde*. Tras ese primer trabajo se esconden muchas horas de esfuerzos e indecisiones. Pocos confiaban en que aquel grupo de seis jóvenes inexpertos pudiera convertirse en lo que ahora es.

«La fama es pasajera. Tengo los pies en la tierra y sé que debo aprovechar el momento».[5]

Tras el éxito de ventas de ese primer trabajo, llega su primera gira con la seria responsabilidad de dar la talla en directo. Los estadios comienzan a abarrotarse de miles de fans que enloquecen con cada una de sus canciones. El esfuerzo ha merecido la pena.

«Los fans ocupan un lugar muy privilegiado en nuestras vidas. Gracias a ellos somos lo que somos».[6]

Por imposible que pareciera, las ventas de su trabajo *Rebelde* se disparan por medio mundo.

Una pasión que queda patente en el DVD *Tour Generación RBD*, una grabación acompañada de un CD en directo de las canciones de la gira. El trabajo arrasa también en ventas, pero no son los grandes ingresos económicos lo que más satisface a los RBD.

«La recompensa a todo, son las muestras de cariño que tienen hacia mí —dice Dulce— y sobre todo la energía que me transmiten cuando estoy en el escenario».[7] En 2006, RBD saca al mercado un nuevo disco: *Nuestro amor*. Con ese trabajo se produce un hecho inaudito en el mundo discográfico. En poco más de seis horas... ¡consiguen un disco de platino! Los fans enloquecen al escuchar la notable evolución de las voces de los chicos de RBD.

Así soy yo, *A tu lado*, *Además me voy*, *Este corazón*, *Qué fue del amor*, *Tras de mí*, *¿Qué hay detrás?*, *Sólo para ti*, *Liso, sensual*... son sólo algunos de los temas de un disco que se agota tan pronto se pone a la venta. Los componentes de RBD cantan al amor.

Miles de jóvenes sueñan con ellos. El fenómeno RBD es imparable.

La factoría RBD no se puede parar.

Pronto, el éxito les mostrará la cara más amarga. Tres jóvenes brasileños mueren durante una firma de autógrafos: «Fue terrible. Lo peor que nos ha tocado vivir en nuestra vida como RBD —recuerda Poncho—. Cuando sucede algo así aprendes que la vida es muy dura».[8]

Live in Hollywood es la sorpresa que dan a sus fans en 2006. Sus canciones fueron grabadas en directo en Nueva York, la ciudad de los rascacielos. RBD sigue batiendo récords por donde quiera que pasa. Ciento veinte mil fans les acompañan en el zócalo de la Ciudad de México.

Conseguir entradas para sus conciertos es imposible. No queda ni una libre a la venta de los catorce días de actuaciones en el Palacio de los Deportes y en el Auditorio Nacional. Aforo completo.

Sus ventas se disparan a cifras astronómicas: más de 4,7 millones de discos por todo el mundo, y América está a sus pies. En su primera gira recorrieron el continente de norte a sur y de este a oeste. Sólo en su país, 56 conciertos, y otros 11 por Brasil, Colombia, Venezuela... toda Sudamérica.

Miles de padres de toda América contemplan atónitos a sus hijas, que con minifaldas y corbatas salen a la calle defendiendo su derecho a ser distintas y reivindicando un espíritu rebelde que no aciertan a entender. «Lo importante para ser rebelde —explica Dulce— es tener una causa, tener unos objetivos, romper las reglas y rebelarte contra aquellos que te dicen: "No vas a poder hacer esto nunca". Hay que luchar para salir adelante y conseguir cosas en la vida. Eso es ser "rebelde"».[9]

El salto al gran gigante de los Estados Unidos es sólo cuestión de tiempo. Como fruta madura, caen también en el gran mercado estadounidense, que también les admira. Allí dan 40 conciertos.

El Madison Square Garden de Nueva York vibró al ritmo de sus voces en dos importantísimos conciertos. En la otra costa, en Los Ángeles, también les esperaban 64.000 espectadores que cantaron sus canciones en el Memorial Coliseum.

Y los premios empiezan a acumularse en sus vitrinas... Sólo en el año 2006 recibieron tres premios Bilboard.

Nadie les puede negar su triunfo. Pocos, muy pocos artistas han tocado la gloria como ellos lo han hecho. Pocos han podido alcanzar el olimpo del éxito como los chicos de RBD.

Pero no todo son luces en la historia del exitoso grupo musical, también hay sombras. «Es muy feo. Hablan mal de ti, se meten con personas a las que quieres y también lastiman a tu familia y tus amigos»,[10] protesta Maite.

Como ella, el resto del grupo ha sido objeto de numerosas noticias, algunas de ellas falsas, pese a haber sido negadas por ellos.

«Me siento solo»,[11] ha confesado uno de los integrantes

del grupo cuya identidad revelaremos en las próximas páginas. «Estamos pagando el precio de no disfrutar lo que quisiéramos de nuestras familias, de nuestros amigos y de aquella persona con la que nos gustaría estar».[12]

¿Hasta qué punto detrás de sus eternas sonrisas frente a los flashes se esconden vidas frustradas? ¿Son infelices los RBD al vivir alejados de sus familias durante gran parte del año? ¿Son realmente dueños de sus vidas los chicos del grupo? ¿Están viviendo una vida impropia de sus edades? ¿Tienen prohibido el amor? ¿Ocultan relaciones sentimentales por miedo a que desciendan las ventas de discos?

¿Se vio obligado Christian a ocultar su homosexualidad para evitar que el tirón del grupo entre las chicas no se viera perjudicado? ¿Qué le motivó a tener que hacer pública su homosexualidad? ¿Por qué se desmayó en un aeropuerto?

¿Qué fue lo que pudo existir entre Anahí y el cantante Luis Miguel? ¿Qué ocurrió en Brasil para que no se hablara con Dulce?

¿Con quién perdió la virginidad Christopher a los diecisiete años? ¿Por qué pudo dejarse de hablar con Anahí?

¿Ha tenido que mediar en más de una ocasión Poncho para evitar tensiones dentro del grupo? ¿Se oculta alguna misteriosa mujer tras su tatuaje? ¿Por qué no se habló durante meses con Dulce?

Éstas son sólo algunas de las preguntas a las que daremos respuesta en este libro, basado en las múltiples entrevistas y noticias que han protagonizado los chicos de RBD por todo el mundo. Un viaje excitante con un único destino: conocer la auténtica vida de los chicos de RBD.

Alfonso Herrera Rodríguez (Poncho)

Decir su nombre es decir seducción, sensualidad y deseo. Su cuerpo musculoso, sus ojitos de «malote», su aire indeciso y romántico... despierta cosquilleos y estremece los corazoncitos de sus fans desde Japón hasta Rumania. Su fama de romántico, su carácter introvertido y solitario revive para muchos el eterno símbolo de James Dean. Convertido en un icono sexual inaccesible para sus fans, siente que la percepción que se tiene de él dista mucho de la real. Lejos de ser un tipo endiosado, Poncho se ve a sí mismo como un chico normal y corriente al que la vida ha querido darle fama gracias a RBD. Aun así, no olvida sus dos mayores pasiones: la familia y su trabajo como actor.

Misterioso e introvertido, su vida privada es un enigma. Poco se conoce de sus amores, de sus emociones, de sus alegrías y penas, de cómo se siente en RBD. En las próximas páginas intentaremos dar más luz sobre todas las incógnitas de la intensa vida de Poncho.

En pleno invierno mexicano venía al mundo uno de los hombres que más calor despierta entre millones de chicas y por qué no, chicos. Alfonso Herrera Rodríguez nació en la capital mexicana el 28 de agosto de 1983.

Hijo de matrimonio divorciado, aprendió desde la tierna infancia que cuando la convivencia entre los padres es imposible, siempre es mejor una separación a una guerra abierta en la pareja. Sus padres se separaron siendo él un chaval y guarda para sí los motivos. Según han publicado algunos medios, Poncho es el único hijo de la pareja, pero tiene dos hermanos. Adora a su madre y no le faltan motivos, porque su madre «es la persona que siempre me ha cuidado, con la que viví toda mi infancia. Mi admiración va especialmente por la manera en que nos educó, a pesar de ser prácticamente una mamá soltera».[13]

Alfonso y sus hermanos crecieron en el marco de una familia señalada por el distanciamiento de sus padres. Aun así, se siente afortunado por el seno familiar en el que ha nacido, por duro que haya sido vivir con sus padres residiendo en dos ciudades tan distantes como Guadalajara y Ciudad de México. En cierta ocasión le preguntaron si le fue difícil superar esta ruptura. Poncho contestó que no del todo: «Ellos han sido muy inteligentes y buenos guías —reconoce agradecido—. Es importante entender que los padres también tienen problemas, y muchas veces lo mejor es que busquen su felicidad por separado».[14]

Como casi todo hijo de separados, creció especialmente supervisado por su madre. Fueron unos años marcados por preguntas difíciles de contestar, y lo que es peor, difíciles de entender para una mente inquieta. El pequeño Poncho añoró probablemente en alguna ocasión un beso de buenas noches de su padre, un hombre al que adora, con quien convive en la actualidad y con el que hubiera querido pasar más tiempo en su infancia. Lejos de hacer del divorcio de sus padres una encrucijada en la que decantarse por una de las partes, Poncho confiesa abiertamente que «aunque mis padres están separados, mi admiración es igual para los dos. Los amo y les agradezco su cariño».[15]

Inquieto y rebelde, Poncho se convirtió, siendo un niño, en el centro de las miradas de toda su familia. Nadie podía comprender de dónde le venía al más guapo de los hijos esa obsesión por ser actor. Hijo de un padre odontólogo —ahora entenderás por qué tiene esa sonrisa de dientes perfectos que hace perder la razón a medio mundo—, decidió no seguir sus pasos poniendo empastes y curando caries. A diferencia de sus hermanos, no estudió comunicaciones, ni se planteó ejercer de jefe de área en una universidad mexicana. Alfonso huía de una vida organizada y monótona. Sus pretensiones volaban en otra dirección muy distinta. Una dirección inquietante, inestable pero divertida. Quería ser piloto de aviones o en su defecto actor.

Influido tal vez por esas telenovelas que arrasaban en México, soñaba con ser el protagonista de una de esas series de amores imposibles que tanto le gustaban a su madre. Quién sabe qué argumento se montó en su cabeza el pequeño Poncho para que a los cuatro años llegara a la conclusión de que su vecinita era el amor de su vida. Poseído por el espíritu de un galán de película, estrechó a la sorprendida niña entre sus brazos y le dio un beso que seguramente aún recuerda esa pequeña con coletas.

«Fue un besito así en plan "muak" —recuerda, muerto de risa—. Me lo di con una vecina mientras jugábamos a los esposos. Yo estaba pensando que era un personaje grande que estaba con mi esposa, pero no fue nada más».[16]

Fue así, jugando a los papás, como Poncho conquistó a su primer amor y empezaba a confeccionar su currículum de conquistas amorosas. La identidad de la agraciada, un misterio que a día de hoy investigan hasta en la CIA.

Los años pasan, y superado ya lo de la vecinita, deja de vestir pantalones cortos para lucir palmito en el instituto. La adolescencia irrumpe en su vida sin permiso y sus ojos no pueden dejar de observar lo guapas y maravillosas que son las chicas que pasean ante sus ojos. Con semejante «subidón» hormonal, ingresa en el Centro de Educación Artística de Televisa. Allí inicia sus estudios de arte dramático y aparecen las primeras amigas que le ponen el corazón a punto de estallar.

Poncho apenas tiene dieciocho años cuando llega su primer trabajo como actor. Era el año 2001 cuando le contrataron para participar en la obra de teatro *Las Brujas de Salem*. Por fin disfrutaba del placer de salir a escena. Llegaba la satisfacción de ver cumplidas sus ilusiones y obtener de ese modo sus primeros ingresos económicos.

Para Poncho, un chico humilde y agradecido, era el momento de poder echar una mano en casa y comenzar a ayudar en el mantenimiento del hogar. Estaba tan orgulloso de su primer sueldo, que empleó gran parte de los pesos ganados en... ¡pagarle a su padre la compra mensual del supermercado![17] Era su manera de dar las gracias a un padre al que admiraba. «Por la persona que es, por los logros que ha tenido en la vida y la manera en la que ha logrado salir adelante, me parece un papá maravilloso, que realmente sabe de lo que habla».[18]

Las representaciones se sucedieron una tras otra, dando paso a nuevos contratos de trabajo. Ese mismo año, Poncho trabajó en *Cómo matar a un ruiseñor* y *Antígona*. Una vez más el consejo de su padre: «No te preocupes, mejor ocúpate de las cosas»,[19] volvía a ser fiable. Su insatisfacción por no haber debutado aún en el cine acababa ese mismo año cuando el director Fernando Sariñana le propuso trabajar a sus órdenes en *Amarte duele*.

Pero no era el amor sino la cabeza lo que le dolía a Poncho por aquella época. El trabajo se acumulaba y sus obligaciones también. Pronto comenzaron a faltarle horas al día. Como muchos jóvenes de su edad, estudiaba la PREPA, pero a diferencia del resto de sus compañeros, tenía que compaginar horas de clase y estudio con el aprendizaje de los libretos de sus obras de teatro y de las series de televisión en las que trabajaba.

No es necesario explicar que con tantas horas de estudio le quedaba poco tiempo al guapísimo «rebelde» para ligar o salir de juerga con sus amigos de toda la vida. No es de extrañar que con tanto estrés Poncho descontrolara sus hábitos de alimentación hasta el punto de llegar a pesar... ¡ochenta kilos! Cuesta trabajo imaginar al «cachas» de Poncho transformado en un estudiante regordete, ¿verdad?

En el año 2002 ocurrió algo que transformaría su vida definitivamente. Poncho tenía diecinueve años cuando conoció a Pedro Damián, un importante productor de televisión que se fija en él. Buscaba protagonistas para un proyecto de Televisa y parecía encajar en él. Poncho deseaba ese trabajo más que nada en el mundo. De conseguirlo, podría trabajar, entre otras, con una actriz tan joven como él pero muy conocida ya por entonces en su país: Anahí Puente. Tras mantener alguna reunión llena de nervios, Poncho cumplía su sueño. Era seleccionado para incorporarse al reparto de una telenovela llamada *Clase 406*, bajo la dirección de uno de los hombres más importantes de Televisa: Pedro Damián, su descubridor. Un hombre fundamental en su vida al que preguntándole por lo mejor de Poncho, destaca «su gran sensibilidad, aunque es un poco reservado». Además, añade: «Poncho no te cuenta demasiado lo que pasa con él, pero sí te lo muestra».[20]

Con su *Clase 406*, Poncho ponía en marcha la locomotora hacia el éxito. Trabajar, estudiar, exámenes, eternas jornadas de grabación... Una locura de vida. De haber sido otro chico, probablemente se hubiera dado por vencido y habría abandonado los estudios. El tenaz Poncho no lo hizo. Gracias a su enorme fuerza de voluntad y a su privilegiada memoria de actor, consiguió compatibilizar ambas responsabilidades y obtener finalmente la recompensa a su enorme esfuerzo cuando finalizó sus estudios. Así recuerda ese momento: «El día más feliz de mi vida fue cuando me entregaron las calificaciones y me dijeron que había terminado la PREPA. Fue un peso muy grande que me quité de encima».[21]

Liberado de la pesada carga de los estudios, Poncho respiró aliviado. Ahora podría dedicarse de lleno a su carrera como actor. Una carrera hacia el éxito que se presuponía larga y llena de dificultades... Se equivocaba. El triunfo le aguardaba a la vuelta de la esquina en vuelo directo al triunfo que le llegó en tan sólo unos meses.

Era el año 2002 y de nuevo la mano de su mecenas, Pedro Damián, le brindaba el pasaporte al triunfo. Pedro le proponía otro papel: dar vida a un estudiante. Se llamaría

Miguel. Sería un chico impulsivo, sincero, atormentado por el suicidio de su padre y que ingresaría en una escuela de lujo llamada Elite Way School. Buscaría la venganza y finalmente encontraría el amor de su vida...

Os suena, ¿verdad?

Miguel Arango llega a su vida

Efectivamente, con apenas veinte años, Miguel Arango «llamaba» a su puerta. Llegaba el personaje que le ha transportado al éxito mundial. «Me encanta ser Miguel Arango, porque hay que manejar el amor y el odio al mismo tiempo»,[22] explica Poncho emocionado por la riqueza del carácter de su papel en la serie *Rebelde*. «Además, es un personaje que está en constante cambio, y eso, como actor, exige mucho trabajo».[23]

Durante más de dos años, *Rebelde* exigió de él un constante crecimiento profesional. Para Poncho, *Rebelde* ha sido, es y será el auténtico motor de su meteórica vida profesional. Una simbiosis perfecta entre realidad y ficción que al actor le ha hecho crecer y madurar también en lo personal. «Generalmente, cuando interpretas un personaje, de alguna manera le prestas los sentimientos, porque los sentimientos que tiene Miguel son los sentimientos que tiene Alfonso —intenta explicarse el actor, emocionado—. A fin de cuentas yo sí sé que algo se quedó de Miguel en Alfonso... No digo todo, pero se te pueden quedar cosas que en un futuro quién sabe, quizás puedas utilizar».[24]

Miguel Arango, su personaje, es al igual que Poncho, un chaval que vuelve loco a las chicas. Interpretar a un rebel-

23

de guapo, romántico y con un alto voltaje de erotismo ha sido como interpretarse a sí mismo. Recientemente, el actor ha sido elegido como uno de los hombres más atractivos de su país. Preguntado sobre lo mucho que tiene en común con Miguel Arango, Poncho responde con franqueza que «los dos somos muy explosivos. Somos demasiado cuadriculados en las decisiones y en cómo hacemos las cosas. Y somos demasiado perfeccionistas».[25]

Poncho señala el fuerte carácter de ambos como un rasgo más que une ficción y realidad. Es conocido por todos los fans de *Rebelde* que provocar el mal humor de Miguel Arango es como entrar en un polvorín con un mechero en la mano. Los enfados y enojos del guapo «rebelde» llevaron en la serie a Anahí, Roberta y compañía al límite de la paciencia en alguna ocasión. Desde ese momento, han sido muchos los periodistas que han preguntado a Poncho si la convivencia con él es tan intensa en la vida real como lo es en la serie. Su respuesta es que «Miguel es más fuerte de carácter, es mucho más enojón. Tenemos en común que los dos somos muy alegres».[26]

Su interpretación en *Rebelde* le ha convertido en uno de los actores del momento. Miles de adolescentes y estudiantes se sienten identificados con sus problemas y sus conflictos personales. Miguel Arango, su personaje, es un humilde chaval, huérfano y con una cuenta corriente en el banco a punto de llegar a los números rojos. Poco dinero en el banco y su corazón rebosando venganza hacia el hombre que arruinó su vida familiar al causar la muerte de su padre. Con ese sentimiento corriendo por sus venas, Miguel se hizo mayor e ingresó con beca en un colegio de niños ricos y mimados, el Elite Way School.

Admirado por sus compañeros por su fuerte personalidad, Miguel se convierte en un guapísimo agente 007 que, entre clase y clase, busca al culpable de la muerte de su padre. Como en todo embrollo televisivo que se precie, la cosa se complica aún más cuando se enamora de Mía, la hija súper pija del hombre misterioso al que tanto odia. Una rubia superficial, mimada… y con unos ojos de morirse. Una mirada que derritió el duro corazón del rebelde Miguel, que se muere por comérsela a besos.

«Para rodar las secuencias de besos necesitas una concentración total, meterte en escena y llegar a sentir todo de verdad, aunque sea un rodaje —se justifica el actor para evitar suspicacias entre aquellos que ven en las escenas algo más que la sintonía de dos actores—. A fin de cuentas, el trabajo de un actor es prestar sus propios sentimientos a su personaje y eso es lo que hago».[27]

Besos, besos y más besos. Besos románticos, besos apasionados, besos de perdón… Con seguridad, Mía Colucci es la mujer que más besos ha robado al «rebelde» Poncho, aunque haya sido en la ficción. Desde que sus personajes se cruzaron por primera vez en los pasillos del Elite Way School, sus miradas derrochan deseo. Una pasión que, según Poncho, no siempre es tan tórrida en la ficción por muy ardientes que sean las secuencias.

«Que sepáis que los besos en la serie no son con lengua, pero porque las chicas no quieren y se enojan, que si no».[28] Descarado y provocador, Poncho añade con ese comentario más leña al fuego. Las malas lenguas ven algo más que ficción en la pasión, ya que tanto él como Anahí han interpretado las escenas más calientes de *Rebelde*. Los rumores señalaban un posible idilio entre ambos. Que si Poncho estaba loquito por los huesos de la pija más fashion de *Rebelde*, que si Anahí estaba loquita por Miguel cuando fueron a grabar a Cozumel...

Rumores, rumores y más rumores que llevaron al gran comunicador americano Don Francisco a hacerles en su programa la pregunta definitiva:

«¿Es cierto que sois novios?», preguntó el conocido presentador a Anahí y Poncho.

La rubia sonrió.

Poncho miró a su compañera y le suplicó: «Aclara el rumor, Anahí».

«Para nada, no, para nada»,[29] respondió categóricamente la rubia Anahí.

Con esa contundente respuesta los dos quisieron tapar las voces de todos los que murmuran sobre algo más que amistad.

«Me encanta trabajar con Anahí. La respeto muchísimo —respondía Poncho, agobiado por los periodistas e intentando aclarar que entre ellos no había romance, que sus besos eran pura ficción—. Yo he sido el que más ha aprendido de ella en este sentido porque Anahí llevaba desde bien pequeñita en la tele y dominaba estas escenas».[30] En fin, sólo ellos dos saben a ciencia cierta si en algún momento el corazón de alguno ha latido a cien por el otro. Con la carita que se miran en la serie...

El «dulce» sabor del amor

Descartada Anahí de su lista de amores, fue en *Rebelde* donde cupido quiso que apareciera una de las mujeres que sí ha hecho suspirar y sufrir de amor a Poncho. Asegura el guapo actor que «hasta ahora sólo ha tenido tres relaciones que fueron muy intensas y hoy en día todas son mis grandes amigas».[31] Sin duda, la última de ellas es por todos conocida. Se trata de Dulce María: la fuerte, peleona y descarada Roberta de la serie *Rebelde*.

La pasión y el romanticismo que ambos vivieron en la serie fueron tremendos. Dicen que saltaban chispas cuando Dulce y Poncho salían del plató... Una relación intensa de pareja que en la vida real estaba cargada de alta tensión por el fuerte carácter de ambos. La pareja se formó durante la grabación de la telenovela *Clase 406*, su experiencia anterior a *Rebelde*. Al parecer, fue allí donde por primera vez sus miradas se cruzaron y se enamoraron perdidamente.

Fue Poncho quien dio el primer paso y armándose de valor pidió a Dulce su número de teléfono. Eso sí, después de robarle su primer beso. Un beso dulce y largo que transportó a los dos enamorados al séptimo cielo. Luego, durante casi dos años, mantuvieron un idilio que el tiempo y la diferencia de carácter fue dinamitando progresivamente. En ellos se hizo patente el dicho popular de no mezclar el trabajo con lo sentimental.

Los enfrentamientos y discusiones, de por sí desagradables en cualquier momento, se volvían insoportables en el plató. En una ocasión, Poncho confesó que lo que peor lleva de las chicas es «cuando se enfadan. Por una cosa de nada se cogen un cabreo monumental y luego te lo echan en cara semanas más tarde».[32]

¿Estaba Poncho pensando en Dulce cuando hizo estas declaraciones? ¿Fue ella la única responsable del deterioro de su relación? O por el contrario, ¿fue una infidelidad de Poncho el motivo de la ruptura?

Él lo niega. Asegura «haber sido fiel a su chica en todo momento».[33] En otra entrevista mantenida con Don Francisco, el presentador de la cadena Univisión, Poncho abrió su corazón y a la pregunta de si era cierto que Dulce terminó con él porque fue infiel, respondió que «no hubo ninguna infidelidad, simplemente acabó por salud de los dos. Porque nos peleábamos mucho».[34]

Al parecer, las disputas entre los dos guapos «rebeldes» alcanzaban límites absolutamente insoportables para ambos. «Cuando me enojo soy muy explosivo —admite Poncho—. Sé controlar después. Sé cuándo cometo un error, cuándo no estoy haciéndolo bien, o sea, cuando exploto y no tengo que hacerlo, se retractarme después».[35] Una bomba de relojería a punto de estallar. Así es el carácter de Poncho cuando vive una situación límite para sus nervios.

La gota que colmó el vaso en su tensa relación de pareja con Dulce cayó durante un concierto en Tabasco. Fue al acabar el mismo cuando ambos se miraron a la cara y, cansados de aparentar falsa calma, decidieron ser honestos el uno con el otro. Con voz temblorosa e intentando mantener la calma se dijeron: «Vamos a platicar porque no nos lo estamos pasando bien, estamos sufriendo».[36] Fue la última conversación que ambos mantuvieron como pareja. Llegó el terrible momento de los reproches, de echarse en cara las carencias afectivas, de admitir que no se hacían felices el uno al otro. Una dura conversación con un triste final.

«Hablamos y decidimos que lo más sano era terminar»,[37] recuerda Poncho con cierta melancolía.

Así acabó una bonita historia de amor. Con ambos destrozados y obligados a continuar trabajando juntos, viendo cómo sus vidas se alejaban lentamente.

Un dolor, una angustia difícil de sobrellevar para ambos. A la ruptura civilizada le siguieron los celos y la rabia del desamor. Las buenas intenciones del principio fueron sustituidas por los enfados y el distanciamiento más cruel. Dicen que durante más de un año Poncho y Dulce se negaron a hablarse. Pasaban el uno al lado del otro sin dirigirse la palabra. Fue una prueba de fuego para ambos y para la solidez del grupo RBD. ¡Dos de sus principales integrantes no se podían ni ver! Menos mal que sus compañeros mediaron para que los momentos de tensión fueran los menos posibles. Aun así, la chispa no tardaría en llegar y ésta saltó cuando Dulce María comenzó un noviazgo con el futbolista del América Memo Ochoa. Al parecer, algunos opinan que ver a su «ex» en brazos de otro puso de los nervios a Poncho.

¿Será eso cierto?

Poncho intenta quitar hierro al asunto afirmando que «ante todo siempre ha habido mucho respeto y en esa cuestión yo respeté esa situación. Yo respeto a Dulce como a mis otros compañeros sea cual sea su decisión en la vida».[38] Así pinta Poncho su relación con Dulce tras su tensa ruptura.

Verdad o no, terminó por aceptar que Dulce ya volaba sola en otra dirección. Poco a poco su corazón se fue haciendo más duro y admitía que no había lugar para segundas partes: «Creo que sería un poco difícil regresar con una ex, porque si ya tuviste ese acercamiento y después surgieron conflictos, ¿para qué buscarlo? Prefiero quedarme con lo bueno y no arriesgarme».[39]

Buscando a la mujer perfecta

En cuestión de mujeres Poncho lo tiene claro. Su amor platónico es una mujer ocho años mayor que él: Milla Jovovich. La ucraniana, conocida por sus trabajos como modelo de Calvin Klein o como actriz en películas como *Resident Evil* o *Ultraviolet*, enloquece al «rebelde». Si te ha sorprendido su elección, prepárate para otro descubrimiento muy interesante.

En cierta ocasión una intrépida periodista le propuso jugar a imaginarse a sí mismo nacido mujer. Poncho contuvo la respiración, hizo un enorme esfuerzo por ponerse en la piel de una chica y se enfrentó a la comprometida pregunta de con quién le gustaría perder su virginidad en su nueva faceta de mujer. La respuesta fue impactante: «Con Charlize Theron, aunque fuera mujer».[40]

Sorprendente, ¿eh?

Dispuesto a ser lesbiana antes de renunciar a su gran pasión: las mujeres. Eso sí, una vez más al escoger a Charlize Theron, fija sus ojos en una mujer ocho años mayor que él. ¿Busca el actor mujeres mayores que él para mantener una relación? ¿Han de ser actrices y guapas?

Confiesa Poncho que no sabe vivir sin amor, que para él, el amor lo es todo. Si aspiras a ser la mujer que llene la vida del actor, ya estás aprendiéndote un montón de chistes y sacando todo tu ingenio.

«Me gustan las que me hacen reír, que me quieran mucho, que me mimen mucho. A veces soy un poco cursi».[41]

Por muy sorprendente que parezca, la seguridad que Poncho derrocha en sus papeles de galán le suele faltar en la vida real. Al parecer es muy cauteloso a la hora de tirar los tejos a una chica. Dicen que sin prisas y pisando sobre seguro, Poncho dará el primer paso. Un ataque que puede convertirse en retirada a la más mínima prueba de rechazo.

Pero ¿cómo tiene que ser la mujer que encandile a este galán que dice tener libre el corazón en estos momentos? La receta es sencilla: no le importa que seas rubia o morena. A él eso le da igual. No es apariencia lo que el mexicano busca en sus parejas.

«Una chica para salir conmigo me tiene que caer bien, tiene que hacerme reír, ha de ser honesta».[42] Decía recientemente el actor que en el arte del amor prefería conquistar a ser conquistado. Según sus declaraciones, para Poncho el físico es lo de menos.

Además, en esto del amor es muy impulsivo y confesó en una revista que, como Bruce Willis, «siempre me guío por mi sexto sentido. Si me late, voy con todo, si no, mejor ni me muevo. Así soy».[43]

Apasionado como buen latino, Poncho confiesa haber cometido muchas locuras por amor. Aún recuerda cuando atravesó medio México al volante de su coche durante horas para poder ver a su chica, que se encontraba sola en la playa. Un esfuerzo que mereció la pena cuando pudo estrecharla entre sus brazos y acariciar su suave espalda. Desplazar sus dedos suavemente por la espalda de sus amantes es lo que más le gusta al mexicano.

Discreto a la hora de hablar de sexo, se niega a dar detalles de cómo fue su primera vez. Preguntado en cierta ocasión sobre si le resultó una experiencia bonita, fea o vergonzosa, admitió que «le resulto curiosa».[44]

Es mucho más descriptivo cuando se le pregunta cuáles son los besos que más le excitan. Puesto a escoger entre los dulces y románticos o los ardientes y apasionados, responde «que depende de la situación».[45] Abierto a todo tipo de mujeres, asegura que aunque es en la boca en una de las primeras cosas en que se fija de una mujer, le «da igual que los labios sean carnosos o finos».[46]

No sabemos si por falsa modestia o en un ejercicio de sinceridad, Poncho se reconoce ser malo seduciendo. Es un tipo decidido y arriesgado en esto del sexo y el amor, y reconoce que le preocupa, y mucho, hacer feliz a su pareja en la cama. Confiesa que nada le deprimiría más que no satisfacer a su chica y descubrirla fingiendo tener placer.

«Me deprimiría mucho. Le diría: mi amor, ¿qué podemos hacer para mejorar esto?».[47]

Con esas palabras confiesa su preocupación ante el hipotético caso de no satisfacer a su pareja.

«No me consta que se haya dado el caso»,[48] aclaró en una «caliente» entrevista para alivio de sus miles de fans. En fin, chicas, ante todo tranquilidad y que nadie ponga en entredicho su eficacia como amante.

Por cierto, detalle para todas aquellas que tengan la suerte de tenerlo entre sus sábanas: el mexicano tiene su pequeña debilidad en el cuerpo a cuerpo. Le puedes desarmar y volver loco si le comes a besos en su espalda y en el cuello.

Puestos a entrar en detalles, muchos se preguntarán cómo será este morenazo en la cama. Para aquellas que sueñen en poder dormir entre sus brazos, os diremos que le gusta dormir «siempre boca abajo, con las manos debajo de la almohada, la cabecita a un lado»[49] y... muy ligerito de ropa. Un bóxer es la única prenda que le podrás encontrar puesta si logras introducirte en su cama. Por mucho frío que haga, tendrás que darle calorcito y arroparle bien. Ah, y nada de calcetines para dormir. No los soporta.

Su cuerpo esconde una sorpresa para aquellas que puedan disfrutarlo desnudo. Un tatuaje. Un misterioso dibujo sobre el que Poncho quiere dar muy pocas explicaciones. En cierta ocasión, mientras era entrevistado en el programa *Despierta América*, se negó a mostrar su tatuaje pese a la insistencia del presentador argumentando que «era algo muy íntimo».[50]

Al parecer se trata de un recuerdo muy especial que el cantante decidió hacerse en memoria de una persona muy importante en su vida que ya no está.

¿Tendrá algo que ver con la gran amiga a la que Poncho perdió en un terrible accidente? Sólo él lo sabe. Ésta es una de las partes de su vida de la que menos quiere hablar. Sin duda es una herida aún abierta que el «rebelde» no ha conseguido cicatrizar. ¿Puede haber algo más duro que perder a un ser querido sin haberte despedido de él? Eso fue lo que le ocurrió a Poncho.

Una de sus mejores amigas falleció de manera terrible en un maldito accidente de tráfico.

Jamás olvidará el momento en que recibió la triste noticia. Una llamada telefónica le informó que nunca más podría charlar con su amiga, estrecharla entre sus brazos, decirle que la quería. Poncho se vino abajo. La vida le arrebataba drásticamente a una de las personas que más quería, sumiéndole en un fuerte dolor. Pasó uno de los periodos más tristes de su vida. Su corazón aún se repone de esta desgracia. ¿Por qué la ausencia de esta mujer ha marcado tanto el corazón de un hombre por el que suspiran millones de féminas de todo el mundo?

Abierto al matrimonio, aunque consciente de que ahora no es el momento de dar ese paso, Poncho sigue deshojando la margarita del amor. Dice que detesta la soledad, que adora el amor, que no hay nada más triste que un día de San Valentín sin alguien a quien decir «te quiero».

Romántico, admite que esa fecha le encanta, que le hace sentirse bien, que está cargada de entrañables recuerdos de otras épocas en las que el amor inundaba sus venas. Aún se emociona al recordar el regalo más bonito que ha recibido en ese día tan señalado. «Fue un regalo que tenía por un lado una carta, por otro, una galleta en forma de corazón, y por último, ¡un beso!».[51]

Si te mueres de ganas de saber quién le hizo semejante regalo, lamentamos decirte que vas a seguir con la incógnita dentro del cuerpo. Alfonso guarda bajo llave el nombre de la chica que se esconde tras ese momento tan fantástico.

Ése es Poncho. Un chico sencillo que disfruta con una simple carta y una galleta si viene acompañada de amor... Si te lo comerías a besos, ten paciencia, tal vez algún día seas tú la elegida. De ser así, si sueñas con una noche de película con tu «rebelde» favorito, te damos unas pistas de cómo te intentaría sorprender.

Con toda seguridad, te regalaría lilis. Son sus flores favoritas. Al haberlas de muchos colores, te sorprendería con el color que más te guste.

Después, te invitaría a cenar. Sería una cena íntima y romántica a la luz de las velas en un restaurante a la orilla del mar mientras te susurra una de sus canciones al oído... Tal vez *Celestial*, su canción favorita.

Si te tiemblan las piernas con sólo pensar en esa cena, no te asustes. No te pasa nada. Simplemente estás colada por Poncho.

Pero si tienes la suerte de ser la elegida para semejante cita nocturna y te has quedado con hambre, no te preocupes; lo mejor viene después del postre. Pasional, romántico... así es Poncho. En cierta ocasión, una periodista le preguntó qué nota se pondría como amante. A la hora de autoevaluar sus artes amatorias, Poncho sorprendió a su interlocutora al concederse tan sólo «un seis».

Poco más que un aprobado para uno de los hombres al que la mayoría de las jóvenes hispanas concederían matrícula de honor sin necesidad de examinarlo...

En fin, bromas a parte, el cantante de RBD no parece ser de los que presumen de lo que no son. Alejado del prototipo de hombre que presume de sus conquistas, es tremendamente reservado a la hora de hablar de sexo y de sus conquistas amorosas. Reconoce haberse enamorado en muy pocas ocasiones. Algunas de esas historias las guarda bajo llave en su corazón y tan sólo habla abiertamente y sin reparos de su amor actual: «El trabajo es el amor de mi vida. Es donde más tiempo estoy».[52]

Contradictorio. Sueña con vivir en pareja pero en estos momentos está condenado a vivir en soledad. Así es Alfonso. Confiesa que «el amor lo es todo en su vida, que es lo que más peso tiene en su existencia»[53] y aguarda pacientemente que llegue el momento de entregarse en cuerpo y alma a esa pasión.

Como consejero tiene a su padre, un hombre sabio que en más de una charla padre-hijo le ha dicho que «en un extremo de tu vida existe el amor, y en el otro, está el miedo; tú decides la línea que tomas».[54] Siguiendo ese sabio consejo, Poncho prefiere que ese noble sentimiento, el del amor, marque su vida alejando todo tipo de miedos y con el firme convencimiento de que si reparte amor y cariño eso será lo que la vida le devolverá.

Guapo y deportista

Elegido por las mexicanas como uno de los hombres más atractivos, dice que sus pies son la parte del cuerpo que más le gusta, aunque sabe que son sus ojazos los que más enloquecen a sus fans. Eso y su cuerpo de escándalo. Unos pectorales y unos abdominales que son de exposición.

No en vano, ha sido portada de famosas revistas de moda masculinas.

Mide 1,77 y pesa unos 70 kilos. Para mantener su musculoso cuerpo, practica todo tipo de deportes. Le encantan en especial los acuáticos, nadar, esquiar...

Su gran pasión es el fútbol y su equipo de fútbol son Los Pumas. Sus ídolos del balompié: Messi y Ronaldinho. Al parecer, uno de los regalos que más ilusión le han hecho en su vida fueron unas zapatillas firmadas por Ronaldinho con las que le sorprendieron en uno de sus cumpleaños.

Se entrega al deporte con Eddy o Christopher, sus compañeros de serie. Juega en sus ratos libres al tenis o al fútbol para aplacar su carácter explosivo y quedarse tranquilo.

Siempre que puede va al gimnasio, y su deporte favorito es el *wave board*. Cuando empezó a practicarlo su aspecto era muy distinto del actual. Pesaba diez kilos más. Cuesta imaginárselo con semejante sobrepeso, pero su fuerza de voluntad y su deseo por verse mejor le hicieron trabajar intensamente para lucir un cuerpo más saludable.

«La clave es tener la convicción de que verdaderamente quieres mejorar tu cuerpo, pero sobre todo tu vida —contaba recientemente a la importante revista *Men's Healht*, en la que posó luciendo su espectacular torso desnudo—. A pesar de lo apretado de mis horarios, he sabido administrar mi día para que las veinticuatro horas me alcancen».[55] Con esfuerzo, deporte y una dieta equilibrada baja en grasas y rica en proteínas, moldeó su cuerpo hasta lucir ese tipazo que tiene ahora. Maite comentó en una entrevista la enorme fuerza de voluntad que Poncho mostró controlando sus comidas para poder lucir ese aspecto en la portada de la revista.

El consejo de Poncho para aquellos que tienen un problema de sobrepeso es claro: «No se trata de sufrir o matarse en el gimnasio —explica—, sino de empezar a ver los sacrificios como responsabilidades y no como obligaciones».[56]

Como deportista que es, Poncho sabe que las claves están en la constancia y la fuerza de voluntad, en no rendirse al desánimo y ser positivo. «Cuando puedo, voy al gimnasio una hora al día. Mi ejercicio favorito es el *wave board*, un ejercicio que se practica sobre una patineta especial y que practico desde los catorce años cuando pesaba 80 kilos, peso que bajé cuidando mi alimentación».[57]

Sin dietas salvajes y peligrosas, se enfrentó a su problema de sobrepeso comiendo sano y haciendo ejercicio. Como gran deportista, Poncho cuida mucho su dieta.

«Yo como cinco veces al día —aclara el actor—, procurando incluir dos porciones de proteínas, dos de carbohidratos y una de grasa vegetal, y trato de eliminar los lácteos».[58]

Ésas son las claves dietéticas que se esconden detrás de su fibroso cuerpo... ¡Y algunos piensan que sólo pasando hambre se puede lucir semejante aspecto! Por cierto, de vez en cuando Poncho se da el gustazo de tomarse sus cervecitas bien frías y unos buenos tacos. Lo que más controla es no picar entre horas y mantener su organismo bien hidratado consumiendo más de dos litros de agua al día.

No es el deporte su única opción de ocio. El cine es su gran pasión. Dicen los que han podido entrar en la intimidad de su hogar que coleccionar películas cinematográficas es su hobby. Cuentan que en su casa acumula cientos de títulos. Entre ellos, y en un lugar principal, *Batman*, su película favorita. Aseguran sus amigos que en el estreno de la película aguardó pacientemente durante varias horas para poder ser de los primeros en disfrutar de las aventuras del enmascarado. Admirador de Johnny Deep, Poncho sueña con verse convertido algún día en un actor cinematográfico de éxito .

«Me gustaría sacarme el gusanillo del cine —admite con ojos ilusionados— pero nunca sabes qué vendrá. Únicamente espero que sea algo muy bueno».[59]

¿Os lo imagináis trabajando en una nueva entrega de *Kill Bill*, otra de sus películas favoritas? El cine golpea con fuerza a su puerta. Son cada vez más las voces que comparan su físico con el del exitoso Antonio Banderas. Al igual que el actor malagueño, Poncho ha logrado ganarse el honor de ser considerado uno de los hombres más atractivos del planeta. Durante dos años consecutivos ha sido nombrado el hombre más deseado y más sexy de México. Miles de fans sucumben a lo largo del planeta ante sus atributos y las mujeres más bellas caen rendidas a sus pies. Aun así, en su corazón siempre hay un poso de soledad. Un aislamiento que quedó patente en los acontecimientos que vamos a relatar ahora que tienen como escenario Brasil durante la gira de RBD de 2006.

En concierto: Río de Janeiro

Río de Janeiro. Las calles colindantes al hotel donde se encuentran alojados los chicos de RBD están tomadas por los fans. Algunos de ellos han alquilado habitaciones en el hotel con la única intención de estar cerca de sus ídolos. Poncho espera en la soledad de su habitación el momento de salir en dirección al estadio para cantar ante miles de personas que darían cualquier cosa por compartir un minuto con su ídolo. Cuando se entra en su cuarto se respira orden. Como buen virgo, cada cosa debe estar en su sitio, todo bajo control.

Extraña a su padre. Es lo primero que dice cuando se le pregunta por lo que echa de menos en los largos viajes de sus giras mundiales.

«Extraño a mi padre —confiesa con tono casi infantil—, también a mi mamá y a mis hermanos».[60]

Acaba de subir del gimnasio. Huele a su colonia fresca favorita. Hoy se ha «machacado» más de lo habitual en su sesión deportiva. Ha pasado casi tres horas trabajando cada uno de los músculos por los que en unas horas van a suspirar sus fans brasileños al verle saltar al escenario. Miles de personas desearían compartir su vida con él, pero Poncho, en su fría habitación, hace esta dura confesión: «Me siento solo».[61] Afirma sentirse solo, y entre los presentes se hace el silencio. Lo dice sin dolor, sin ganas de inspirar lástima. Poncho describe lo que es su realidad en esos momentos. «Éste es mi mundo —continúa mientras enseña su aséptica habitación de hotel—. He estado haciendo deporte, luego me he duchado, y ahora me relajo esperando el momento de marchar al concierto».[62]

Un vistazo rápido por el cuarto nos demuestra la provisionalidad de su estancia. Nada de fotos, casi ningún objeto que convierta la habitación en la prolongación de un hogar. Todo evidencia que su estancia será breve. Tras esta ciudad, vendrá otra y luego otra y más tarde otra más, otro país... Afuera, en la calle, las chicas gritan de vez en cuando su nombre. Poncho las adora. Sabe que gracias a ellas disfruta del éxito que tanto ha buscado. Saluda por la ventana. Aumentan los gritos, y tras despedirse, vuelve a la soledad de su cuarto. A un lado espera su maleta a medio deshacer.

Nos enseña el interior de la misma y deja claro que sabe cuál es la prenda de su vestuario que más valor alcanzaría en el fetichista mercado de los fans: «Obviamente los calzoncillos»,[63] reconoce al tiempo que nos enseña unos tipo bóxer de color negro.

«No siempre los compro de este color —explica ante la pregunta de si es un tipo maniático en asuntos de ropa interior—. La verdad es que agarro y me pongo el primero que sale».[64] Nos lo cuenta mientras muestra la goma del que lleva puesto y que asoma por sus pantalones caídos de estilo rapero. Son grises. Se vuelve a producir un nuevo silencio en el cuarto que casi se puede cortar.

En este caso se delata la evidente tensión sexual que Poncho despierta en alguno de los allí presentes. Sorprende la naturalidad con la que asume ser un objeto de deseo para los ojos que le observan.

¿Tienes novia? Le preguntan por enésima vez.

«No»,[65] contesta Poncho sin alterarse

Da la impresión de que ya está agotado de contestar quinientas veces al día la eterna pregunta sobre si alguien ocupa su corazón. Luego se tumba un rato en la cama. Lo hace en el lado izquierdo y boca abajo. Al parecer, ésa es la posición en la que consigue conciliar el sueño siempre que tiene tiempo para descansar. No es maniático, como otros muchos artistas, a la hora de viajar. Lo hace ligero de equipaje. No lleva su almohada, no trasporta ni champú ni demasiados objetos personales. Sólo su cepillo de dientes, su maquinilla de afeitar y su enjuague bucal. Cuida su higiene y la blancura de sus dientes como un tesoro. No es de extrañar, su sonrisa es una de sus armas y con ella nos desarma cuando confiesa: «Cuando me enamoro soy muy entregado y fiel».[66]

Alguien suspira en la habitación. No es para menos. Pese a ser el sueño de muchas mujeres y hombres, parece no saber las pasiones que desata con una simple mirada. Sin afeitar, sin maquillar, natural, luce si cabe aún más guapo que nunca. Fuera las fans siguen gritando cada vez más fuerte su nombre. Las quiere.

Recuerda que el peor momento de su vida lo pasó en un concierto en Brasil en el que tres chicas sufrieron un accidente por una avalancha de fans.

«Fue terrible —relata su inseparable compañero Christian—, lo peor que nos ha tocado vivir en nuestra vida como RBD —recuerda apesadumbrado—. Sucedió en una firma de autógrafos. Había muchísima gente y la organización no pudo controlar la situación. Estábamos disfrutando de un bonito sueño, cuando de repente aquello se convirtió en una pesadilla. Se cayó una valla y en unos segundos se produjo una avalancha. Murieron tres jóvenes... Cuando sucede algo así aprendes que la vida es muy dura».[67]

Por ellas, por las víctimas de esa terrible tragedia, Poncho y los chicos de RBD se entregarán si cabe un poco más en el concierto de esa tarde en señal de reconocimiento y cariño a todos los fans brasileños que les han llevado a un éxito impensable en tan sólo dos años.

Los gritos de las fans que aguardan su salida del hotel resuenan cada vez con más fuerza. Poncho se sabe amado, idolatrado, lo agradece... Pero sigue con los pies en la tierra, lejos de pensarse el centro del mundo o de sentirse el mejor cantante. Reconoce no ser perfecto.

«Yo sé que no soy el mejor en muchas cosas, pero al menos trato de dar lo mejor de mí mismo».[68]

Con esa actitud saltará al Estadio Maracaná en poco más de dos horas.

Poncho mira su reloj. Ha llegado el momento de dirigirse al concierto con el resto de componentes de RBD. Cuando sale de la habitación sufre una enorme metamorfosis. Se transforma. Brilla intensamente. Se convierte en un ídolo de masas sin perder un ápice de humanidad.

«Y ahora, ya salí al mundo fantástico —bromea al echar la llave de la habitación—. Cuando cierras la puerta sales a que la gente te vea. Ése es mi mundo».[69]

Uno tras otro van los componentes de la formación. Han abandonado sus habitaciones. Juntos toman el ascensor en dirección a la furgoneta en la que llegarán al estadio. Todos ellos lucen camisetas de la selección de Brasil.

La de Poncho lleva el número 10; la de su ídolo Ronaldinho. En su fuerte muñeca, luce un montón de pulseras entre las que destaca una con los colores de la selección carioca.

Por el camino recibe los saludos del personal del hotel. Él saluda con esa sonrisa que desarma a cualquiera que le mire durante al menos dos segundos. En el breve trayecto que separa su vehículo del hotel se agolpan sus seguidoras que le gritan una y otra vez lo guapo que es y lo mucho que le quieren. Poncho agradece y acepta atentamente los objetos que sus admiradoras le entregan. Algunos de esos regalos le acompañan desde hace mucho tiempo, como una pulsera que le regaló una amiga chilena que nunca se ha quitado porque dice que le da suerte. Otro amuleto de la fortuna cuelga de la trabilla de su pantalón. Se trata de un monito de peluche.

«Me lo regaló una fan y siempre lo llevo, creo que me da suerte»,[70] explica al salir al exterior.

Los gritos son enloquecedores. «Hay que ponerse una concha saliendo de los conciertos», explica para hacernos entender que, o se pone un caparazón, o tanto amor de fan puede llegar incluso a ser peligroso. Cualquiera que vea lo que allí sucede pensaría que muchas de esas chicas estarían dispuestas a pasar la noche con Poncho. Sería el sueño de muchos «guaperas», pero no el de Poncho.

«La verdad es que llegas, te metes en el hotel, te cambias, vas a cantar, regresas... y a dormir». Increíble, pero cierto. Al menos ésa es la versión que Poncho da de su «excitante» vida de cantante. «La gente se cree que todo es glamouroso, pero desde que estoy en Brasil no he salido. Hoy sí vamos a salir».[71]

Hoy es un día especial. Es el último día de su exitosa gira por Brasil. Atrás quedan sus conciertos por doce ciudades brasileñas. La mayor gira realizada en el país por un artista extranjero. La «rebeldemanía» no tiene fronteras. En apenas seis meses han vendido 500.000 copias de sus discos en español y portugués.

La gira de RBD comenzó en la ciudad amazónica de Manaus. Previamente, habían iniciado las grabaciones en portugués de su disco *Celestial*, su tercer disco, en portugués. Su primer sencillo, *Ser o parecer*, sonaba con fuerza en las emisoras de radio enloqueciendo a los fans que les aguardan en el estadio. Tras Manaus, Belem, Fortaleza, Goiania, Brasilia, Recife, Porto Alegre, Vitoria, Curitiba, Sao Paulo y Río. Brasil está a sus pies.

Dieciocho días a un ritmo trepidante han causado mella en los «rebeldes». Felices por el éxito, se enfrentan el 8 de octubre al reto final, el apoteósico concierto de Río de Janeiro. Los coches de policía preceden su entrada al estadio y los fans golpean excitados la furgoneta según llegan al recinto del concierto. En el interior del vehículo, Poncho y sus compañeros de RBD confiesan estar mucho más inquietos de lo normal.

«Tenemos los nervios de punta»,[72] gritan casi al unísono.

Inquietos, abandonan la furgoneta y acceden a los camerinos. Allí les aguardan maquilladores, peluqueros, estilistas... Todo un ejército a su servicio para estar más guapos que nunca. A Poncho parece que los nervios le dejan sin palabras; aun así, una vez más manifiesta la ilusión que le hace estar en el Estadio Maracaná. Aficionado al fútbol desde pequeño, jamás se podría haber imaginado que algún día resonaría su nombre en el templo del fútbol.

Ya en los camerinos, los RBD intentan calmar su ansiedad comiendo sus dulces favoritos. Como en un cumpleaños casi infantil, en las mesas hay todo tipo de dulces: bollitos, pasteles, galletas, bizcochos, chocolate... También salados: ensaladas y sushi, por supuesto. La comida no parece tener mucho éxito en esos momentos. El estómago está cerrado.

Los nervios hoy son mayores. El motivo es que el concierto de Río se va a grabar para sacarlo posteriormente a la

venta en DVD. Todos reconocen que «es mucha responsabilidad, es un trabajo que va a quedar para toda la vida».[73]

Faltan unos minutos para saltar al escenario y en los
camerinos sube la tensión. Dulce grita nerviosa, lo hace
porque dice que eso la libera de tensiones. Poncho aprove-
cha esos escasos instantes para que el peluquero le retoque
un poco. Por increíble que parezca, a unos pocos minutos
de empezar, el más guapo de RBD decide que se va a recor-
tar un poco el pelo. A su lado, Anahí se oscurece el cabello, y frente a ellos, Maite intenta arreglarse la blusa, que
parece darle ciertos problemas... Hoy es un día importante: RBD estrena nueva imagen. Se trata de la última idea
de Anahí. Vestirse de miserables, de pordioseros fashion. Se
inspiran en *Piratas del Caribe*. Para muchas, Poncho, con
sus excitantes ojazos marcados con lápiz negro, está más
guapo que los mismísimos Orlando Bloom o Johnny Depp.
Christian se rinde ante la realidad y confiesa que «el que
liga más es Poncho, sin duda».[74] El «rebelde» de pelos mul-
ticolores confiesa estar al borde de un ataque de nervios:
«Estoy tan nervioso. Cuando salga al escenario me voy a
c...».[75] Poncho sonríe con los comentarios de su compañero. Luego se une al resto del grupo, que canta para calen-
tar la voz. Christopher acompaña el ritmo de sus compañeros golpeando unos cubiertos a modo de maracas. Todos
ríen.

Llega el momento de la verdad. Los miles de fans exigen excitados ver a los chicos de RBD. El estadio hierve de
emoción. Poncho, Anahí, Christopher, Dulce, Christian y
Maite van abandonando los camerinos en dirección al escenario. El rumor de voces se hace cada vez más intenso. El
estadio ruge. Poncho toca su amuleto. Fuera corean su nom-

bre y el del resto de sus compañeros. Se miran entre sí. Se desean suerte y entonces... saltan al escenario. La locura colectiva estalla.

«Hola Río», grita Anahí. El público enloquece. Poncho se emociona ante los miles de fans reunidos. «Ver tanta gente es mucha energía. Es como adrenalina. Como que te dan más ganas de bailar y cantar»,[76] reconoce emocionado.

Las chicas volverán a cambiarse de ropa en la quinta canción. Los chicos en la octava.

El concierto ha terminado. Con él la gira brasileña. Sentimientos de pena y alegría se entremezclan entre los chicos de RBD. Acaba una aventura que les ha unido si cabe aún más. Alegría porque cada uno podrá volver a ver a sus familiares y amigos.

Anahí reconoce que es feliz porque va a poder viajar a Los Ángeles a ver a su madre. Christopher echa cuentas del tiempo que hace que no ve a los suyos: un mes y medio. Ya no puede más... Poncho reflexiona sobre las dos caras de la moneda del éxito: «Yo creo que éste es el precio. Ahora estoy en Brasil haciendo lo que me gusta. Pago el precio de no ver a mi familia, pero cuando esté con ellos voy a añorar el no estar actuando».[77]

En condiciones normales se volverían al hotel y se acostarían para descansar, pero hoy es un día especial. Los «rebeldes» desean salir a dar una vuelta y cenar en Río. En toda la gira Poncho sólo ha tenido una salida nocturna y lo hizo solo. El resto parecía estar muy cansado. Esta noche hasta Anahí tiene ganas de salir: «Yo no he salido nada más que un día en toda la gira —cuenta la rubia de RBD—. Llevo un mes y medio fuera de mi casa. Por Dios, ya no aguanto más».[78]

En la cena, el momento de los recuerdos, de las anécdotas: los más pequeños detalles adquieren en ese momento otra dimensión. Todos coinciden en señalar que es en esos momentos cuando más se echa de menos a la familia y cuando más necesitan apoyarse los unos en los otros.

«Quizás nos molesta que algunas personas nos critiquen sin conocernos o expongan tus defectos en vez de preguntarte cómo te sientes con los resultados de tu trabajo. No somos una banda presumida ni pretendemos que se nos ponga una alfombra roja a nuestro paso, pero nos encantaría que, al igual que nosotros, todos los mexicanos se sintieran orgullosos porque el nombre de nuestro país suena cada vez más fuerte en todo el mundo»,[79] reflexiona Poncho, que lucha constantemente por no olvidar sus orígenes.

Tras la cena, Poncho regresa al hotel. De nuevo la soledad de la habitación. Otra vez el silencio inundará su espacio. En su mente resuenan los gritos, la música, sus canciones... y el maullido de un gato. «Tengo muchas ganas de ver a mi gatita. Se llama Miau. Es preciosa. La echo de menos —admite con nostalgia—. Pero sobre todo tengo muchas ganas de ver a mi padre».[80]

Lentamente se va durmiendo. Cansado tras el concierto y agotado por la larga gira, nota cómo su cuerpo va perdiendo fuerza, sumiéndose en los sueños que comienzan a adueñarse de él.

Un hombre solo

Así es la vida de Poncho. Una vida de nómada que le obliga a pasar cientos de horas al año de avión en avión y de aeropuerto en aeropuerto. Cargado con su maleta, ha recorrido países tan dispares como Japón o Israel. Cientos de controles de seguridad, decenas de funcionarios pidiéndole sus documentos en distintos idiomas. Tener algún problema era sólo cuestión de tiempo y la anécdota saltó en el lugar donde menos esperaba, en el aeropuerto de la Ciudad de México.

Bajo el titular «Acusan a Poncho de... ladrón»,[81] la prensa mexicana explicaba el bochornoso suceso en el que se vio involucrado el miembro de RBD. Al parecer, una confusión con su maleta provocó una situación digna de una comedia de Hollywood que terminó con Poncho custodiado por unos policías que le interrogaban como sospechoso de intento de robo.

«Lo que sucedió fue que me confundí de maleta —explica Poncho—. Mi maleta estaba al lado de la de un señor norteamericano. Entonces, pues yo que estaba en el baño salgo y de repente el tipo llega y me dice "Eh, mi maleta"».[82]

Una simple confusión de las maletas que poco a poco fue complicándose. Incluso la policía se personó en el lugar desconfiando del actor. El norteamericano parecía no atender a razones, no dejaba de protestar y llevó a Poncho a la situación más incomoda y humillante que es capaz de recordar. Tras insistir una y otra vez en sus disculpas, el americano pareció finalmente entrar en razón, y con un simple «OK» abandonó el lugar.

«Yo creo que le dio tanta pena que se fue y no dijo nada. Eso sí, de ahora en adelante, le voy a poner un lazo a mi maleta para que no se me vaya»,[83] concluye sonriendo al recordar este malentendido que le hizo desaparecer por un día de las páginas musicales de los periódicos de su país para protagonizar en primera plana la de sucesos.

Ésta es sólo una de las múltiples anécdotas que salpican sus largas giras por todo el mundo. Sus obligaciones de actor no le ponen fácil el poder disfrutar de momentos de intimidad con aquellos a los que quiere.

«Siempre te rodeas de muchas personas, pero el ausentarte de pasar algunos momentos con los tuyos te puede crear cierta nostalgia porque has perdido esos instantes para siempre y eso me dolería mucho».[84]

Poncho lamenta no poder compartir más horas de convivencia y confidencias con su padre y no poder decirle lo mucho que significa para él y cuánto le necesita. El actor confiesa sin tapujos uno de sus principales miedos al decir: «Temo a la soledad, ya que pocas veces estás con la familia».[85]

Esa soledad del éxito hace años que Poncho la sufre. La mitiga a golpe de teléfono y escapadas tan pronto como puede, para ver a su familia. Cuando eso no es posible, las facturas telefónicas son enormes. Es la cara y la cruz de haberse convertido en unos de los rostros con más futuro dentro del panorama audiovisual latino.

«Sí, hay varias cosas en la puerta —ha contestado Poncho a la pregunta de algunos periodistas que le interrogaban sobre una propuesta para hacer cine—, pero, sinceramente, tengo la camiseta de RBD súper puesta y de aquí no me muevo; además, me encanta».[86]

Pese a su deseo de saltar a la gran pantalla, aclara que, hoy por hoy, lo más importante para él es RBD. La música es en estos momentos su razón de ser en lo profesional: «Un sueño que puede acabar».[87]

Admitió en una entrevista a la revista *Hola México*: «RBD tiene un principio y un fin, pero no vamos a desgastarnos pensando en el futuro. Hay que disfrutar el presente, y lo que venga más adelante, ya vendrá».[88] Algunos ven en ese futuro próximo la ruptura del grupo. Se empieza a hablar con insistencia de que algunos RBD empezarán a volar en breve solos. De momento todos lo niegan, pero la corte de rumores es un hervidero constante de chismes que hablan de fractura en la solidez del grupo.

Pese a que al principio de su carrera no se veía como cantante, ahora dicen que sueña con cantar junto a David Bisbal y Ricky Martín. Mientras tanto, las ofertas de trabajo siguen acumulándose. Dicen que una de sus ilusiones es poder trabajar en el cine en España. Por lo pronto, mientras que algunos de sus compañeros están invirtiendo sus enormes beneficios económicos en distintos negocios, él ahorra. Nada de negocios. No quiere que una mala inversión se lleve el dinero ganado con tanto esfuerzo. Pero es realista. Poncho sabe que todo lo que empieza tiene su fin, que su carrera al cielo algún día acabará. Sólo pide estar preparado emocionalmente para cuando eso suceda. Una ruptura que le quita el sueño: «Te confieso que muchas veces me he visto sin *Rebelde* ni RBD —ha declarado recientemente—. Lo que pienso es aprovechar lo más que pueda el momento, pues como dice Dulce, esto es muy efímero, y como todo ciclo, puede terminar. Lo que sí es un hecho es que quiero seguir mi preparación como actor y cantante. Confío en que vendrán cosas muy buenas y espero poder tomar la mejor decisión».[89]

El sueño de Poncho es poder escaparse unos días ligero de equipaje a Malasia, sin ataduras de recorridos ni obligaciones establecidas. Ser libre, también anónimo. Quién sabe cuándo llegará ese momento. Hasta que eso suceda, seguirá recorriendo el mundo de un extremo a otro en compañía de sus amigos y compañeros en un tren de alta velocidad que se llama RBD, un tren del que no desea bajarse.

«¡Es una sorpresota! Estamos muy contentos porque creo que ninguno de nosotros pensó en llegar a donde estamos, y todo esto nos motiva para seguir trabajando y mirar hacia delante».[90]

Poncho cree que si uno desea algo con todas sus fuerzas, conseguirlo es sólo cuestión de tiempo. Por ello sigue concienciándose de que lo mejor está aún por llegar.

Seguir soñando... pero con los pies en la tierra. Difícil reto para un joven de éxito, con dinero y miles de jóvenes suspirando por sus huesos. Reto difícil de conseguir de no ser por el apoyo constante de los que le aman, aunque sea en la distancia. «Es la familia lo que me mantiene con los pies en el suelo. Ellos y la gente de producción, que es bastante buena consejera en cuestiones de ser humano a ser humano».[91]

Entre las cosas que Poncho espera encontrar en el futuro se encuentra, especialmente, el amor. Realista por encima de todo, es consciente que dado su ritmo de vida actual la mujer con la que formar su familia debe esperar.

«En este momento sería difícil dividir mi atención porque cuando estoy con una persona me gusta entregarme al máximo, y ahora mi trabajo lo es todo».[92]

Pocas personas le conocen tan bien como el que fuera su descubridor, Pedro Damián, el auténtico responsable del fenómeno RBD. Un hombre con el que Poncho, como el resto de sus compañeros, ha compartido confidencias, temores e ilusiones. Una especie de tutor artístico que nos desvela algunos de los misterios que esconde el enigmático Alfonso: «Es un hombre con una visión del mundo amplia. Un chi-

51

co que al principio decía "yo no soy cantante", pero que ahora se reconoce como tal y no sólo se reconoce, sino que le gusta y lo disfruta. Poncho es un hombre con una gran sensibilidad, un poco más reservado, un poco que no te cuenta demasiado lo que pasa con él, pero sí te lo muestra».[93]

Entregado en cuerpo y alma a su carrera profesional, Poncho disfruta cada instante que comparte con sus amigos, con su familia, especialmente su padre, pero en su corazón hay un hueco aún por llenar.

«Estamos pagando el precio de no disfrutar lo que quisiéramos de nuestras familias, de nuestros amigos y de aquella persona con la nos gustaría estar; sin embargo, es muy bonito lo que estamos viviendo ahora. Ya habrá tiempo para conocer a esa persona especial».[94]

¿Serás tú esa persona especial? Quien sabe... El tiempo y la vida determinarán quién será la mujer que conquiste el corazón de este «rebelde» de mirada profunda. Un hombre guapo por fuera y en su interior.

Dicen que a veces el amor lo tenemos tan cerca que no lo vemos. Que la proximidad de los árboles impiden ver la profundidad del bosque. Que buscamos lo que a veces tenemos ante nuestras narices.

¿Acabará el romance entre Mía y Miguel en una historia de amor entre Poncho y Anahí? Sólo Poncho lo sabe. Bueno, él y... Anahí.

¿Cómo es la «rebelde» más fashion de RBD?

¿Ha estado enamorada de Poncho sin haberlo confesado?

¿Quién ha sido el amor de su vida?

¿Por qué motivos acabó su relación con el «rebelde» Christopher?

¿Qué hubo entre ella y el cantante Luis Miguel?

¿Impidieron sus problemas de anorexia un posible noviazgo con el cantante de boleros?

Ésas son sólo algunas de las incógnitas que te proponemos descubrir en las próximas páginas.

Anahí Giovanna Puente Portillo (Anahí)

Amada por muchos y criticada por otros, la vida de Anahí es desde hace muchos años fuente constante de polémica. Ha sido objeto de noticias que han llenado horas de televisión y protagonista de chismes de las revistas de actualidad. Mucho se ha hablado de su vida, pero en las páginas siguientes descubriréis algo que muy pocos conocen. ¿Qué ocurrió entre Anahí y el cantante Luis Miguel?

Cada uno de sus romances, cada kilo de peso de su cuerpo y cada cambio de color de su pelo es analizado al milímetro por sus fans y detractores. El precio del éxito adquiere en la rubia de RBD su máxima expresión en una vida marcada por la lupa de la prensa desde la más tierna infancia.

Una existencia aparentemente frívola que esconde un terrible suceso que pocos conocen y que a punto estuvo de llevarla a la muerte.

«Se me paró el corazón durante ocho segundos... y gracias a Dios lograron revivirme»,[95] relata Anahí con una entereza que sorprende ante el dramatismo de lo que cuenta.

¿En que extrañas circunstancias se encontraba la cantante de RBD para estar a punto de morir?

Ésta es la historia de Anahí, una mujer nacida para tocar el cielo pero que ha descendido a las profundidades de un terrible infierno personal.

Anahí Giovanna Puente Portillo, más conocida por los suyos como Annie, nació el 14 de mayo de 1983 en Ciudad de México. La rubia más sexy del grupo RBD vino al mundo bajo el signo de Tauro.

Era una niña de dos años y medio cuando empezó a lucir palmito en los estudios de televisión. Sus padres no querían convertirla en estrella; la televisión casi llegó por casualidad. La que iba camino del estrellato era su hermana. Trabajaba en *Chiquilladas*, un programa para niños en Galavisión. Según cuenta Anahí, la pequeña de la familia, sólo acompañaba a su hermana y a sus padres. Vamos, que la llevaban para que no se quedara en casa dando la lata.

Un buen día, la pequeña Anahí, cansada de observar a su hermana y otros niños mientras actuaban, decidió ser la protagonista ante las miradas de todos los presentes. Unas irrefrenables ansias de protagonismo la llevaron a hacer que cantaba agarrando lo primero que le recordó a un micrófono. Atónitos se quedaron todos los presentes ante el descaro y desenvoltura de aquella aspirante a Paulina Rubio. Apenas levantaba dos palmos del suelo y cantaba con un cepillo de la peluquería. Anahí se plantó delante de una de las cámaras y estuvo canturreando hasta que sus padres le dijeron aquello de «déjalo ya bonita».

La aspirante a «rebelde» demostró aquello de que para «rebelde» ella, y día tras día montaba el mismo espectáculo ante propios y extraños. De la anécdota pasaron a la sorpresa y de ésta a la propuesta firme de un productor a sus padres para que la pequeña artista se mostrara ante los ojos de todos los mexicanos. No le vino nada mal que sus padres tuvieran ciertas amistades introducidas en el mundo de la tele. Pero para aquellos que piensen que su primera oportunidad le llegó por enchufe, Anahí se defiende con uñas y dientes. Planta cara a esas afirmaciones maliciosas de algunos sectores de la prensa que aseguran que le dieron la oportunidad por los contactos y no por su talento. «No seas perra —respondió molesta Anahí—. Fue por mi talento. Mis padres no me querían meter. Yo era muy natural, me gustaba».[96]

Anahí se defiende como una gata ante quien ponga en duda su talento artístico. No es para menos. Pocas actrices jóvenes como ella se pueden enorgullecer de tener el valiosísimo premio ARIEL con tan sólo siete años. Lo cosechó por su trabajo como actriz en la película *Había una vez una estrella*, en la que trabajó con David Reynoso y Pedro Fernández en el año 1989.

«Yo no sabía ni qué estaba haciendo pero ahí estaba el premio, más grande que yo»,[97] afirma ahora Anahí.

Imagen de una conocidísima marca de refrescos, comenzó a dar sus primeros pasos en el mundo de la canción. Su voz invitaba diariamente a los más pequeños de la casa a irse a la cama. Su canción *Te doy un besito* cerraba cada anochecer la programación infantil del Canal 5. Anahí se hizo pronto con una enorme reputación de joven actriz en el panorama audiovisual mexicano. Para ella era casi como un juego, pero para su familia era un orgullo. Especialmente para su abuela, a la que Anahí adoraba y a la que veía como una madre. La «rebelde» ha heredado de su abuela sus grandísimos y expresivos ojos azules que enloquecen a los publicistas. Al parecer, Anahí es la única que ha conservado la intensidad de la mirada de la yaya. El resto de la familia los tiene verdes. Pero no es el color de la mirada lo único que unía a abuela y nieta. La complicidad entre ambas era enorme. Confidencias, consejos, secretos... No pasaría demasiado tiempo para que la estrella descubriera cuánto necesitaba a su anciana aliada.

Con su querida abuela y con sus padres celebró cada uno de sus contratos, de sus éxitos. Su nombre se sumó rápidamente al reparto de trabajos cinematográficos como *Nacidos para morir*, con Humberto Zurita. Eso sin contar sus múltiples apariciones en programas como *Mujer... casos de la vida real*, *Hora marcada* y *La telaraña*.

Progresivamente, su vida infantil comenzaba a diferenciarse cada vez más del resto de sus amiguitas de juegos. Las otras correteaban por el parque jugando con muñecas mientras Anahí lo hacía por los platós rodeada de cámaras, focos y micros. Ante ella, sus padres observaban impávidos cómo aquello que empezó como un capricho infantil parecía no tener fin.

«Yo me acuerdo que como a los doce años mis papás me decían: "Ya está bien, esto es un juego de niñitas y chiquilladas muy bonito pero ya se acabó". Entonces ahí empezó mi primera gran lucha, mi primera gran guerra para convencerlos de que esto era lo mío y que esto era para lo que yo había nacido. Yo creo que me di cuenta muy chiquita de que esto es lo que yo amo hacer»,[98] sentencia la rubia de RBD.

Sus años de esfuerzo por hacerse un hueco entre las estrellas de la televisión se veían recompensados con apenas trece años recién cumplidos. Sus gritos de alegría aún resuenan en su casa tras recibir la noticia de que había sido elegida para trabajar en la telenovela *Tú y yo*, interpretando a Melissa.

La noticia supuso para ella una enorme alegría que fue celebrada por todo lo alto con su madre Marichelo Portillo y, por supuesto, con su querida abuela. La niña Anahí se había hecho mayor. Las trenzas daban paso al pelo suelto y largo. Sus rasgos infantiles se trasformaron en los de una atractiva adolescente, y sus enormes ojos azules ponían nerviosos a muchos chicos de su edad que la contemplaban en la pantalla del televisor y cantaban su éxito musical *Anclado en mi corazón*.

Fue así como Anahí empezó a encandilar a los jóvenes mexicanos convirtiéndose en pieza indispensable en toda telenovela juvenil que se preciase. Todo marchaba viento en popa; la vida estaba siendo generosa con ella dándole todo: fama, belleza, y el cariño de los suyos... ¿Podía pedir más?

Pero la vida también quiso enseñarle a sus catorce años la otra cara de la moneda. El momento de felicidad que acompañaba a su éxito se apagó bruscamente con una enorme tragedia familiar. Su querida abuela, a la que Anahí casi idolatraba, fallecía dejando en ella un enorme dolor en su corazón.

«A los catorce años sufrí la pérdida de mi abuela, que para mí era como mi mamá. Fue entonces cuando empecé a ponerme muy triste»,[99] recuerda y confiesa la joven.

Las ofertas de trabajo se sucedían una tras otra. *Vivo por Elena*, *Mi pequeña traviesa*, *El diario de Daniela*, *Inesperado amor*... son sólo algunos de los títulos que marcan su cambio de niña a mujer. Fue con el personaje de Jovana Luna en *Primer amor... A mil por hora* cuando a Anahí le llegó una nueva e importante oportunidad de demostrar su valía. Se trataba de una readaptación de la serie *Quinceañera*; era el año 2000.

La pesadilla de la anorexia

Habían pasado aproximadamente cuatro años de la muerte de su abuela y Anahí seguía echándola mucho de menos. Se preguntaba por qué Dios se la había llevado privándola del placer de ver a su nieta consiguiendo el reconocimiento profesional por el que tanto había luchado.

Poco a poco se fue sumiendo en un estado permanente de angustia. Una tristeza que la consumía día a día al darse cuenta de que nunca más volvería a disfrutar de sus besos, de sus abrazos, de sus sabios consejos. Un dolor que le quitaba las ganas de jugar, de reír, de disfrutar como el resto de sus amigas.

Al parecer, ése fue el motivo por el que empezó a dejar de mirarse al espejo y dio la espalda a su constante preocupación por su aspecto físico. Su desánimo pronto llegó a un estado de inapetencia que se tradujo progresivamente en un desinterés por la comida.

«Simplemente, de pronto no me daba como hambre —explica Anahí—. Me dejó de importar siquiera mi físico».[100]

Ésta es la versión que la «rebelde» da para explicar por qué en su carita redonda progresivamente se iban marcando cada vez más los pómulos en una alarmante delgadez.

Según ella, fue por la pena y no por lucir más delgada. Sus caderas, su cintura, sus brazos y piernas se redujeron rápidamente ante la preocupada mirada de sus padres. De nada sirvieron los consejos, las regañinas o la disciplina paterna. La horrible delgadez que sus padres contemplaban en ella era a los ojos de Anahí un síntoma de belleza. «Desgraciadamente, cuando fui consciente del cambio me empezó a gustar —confiesa Anahí apesadumbrada por lo ciega que estaba entonces—. Ése fue el problema. Mi mente ya no pensaba en otra cosa... Las veinticuatro horas del día las pasaba pensando en estar más delgada».[101]

ANOREXIA. Así se llama el problema ante el que se encontraba Anahí. Ella misma lo ha reconocido. Es un problema que al igual que ella sufren muchos jóvenes. Se trata de un trastorno en la conducta alimentaria que supone una pérdida de peso provocada por el propio enfermo y que lleva a un estado de inanición. Se caracteriza por el miedo a aumentar de peso y por una visión errónea y delirante de nuestro aspecto físico que hace que el enfermo se vea gordo aun cuando su peso se encuentre por debajo de lo recomendado.[102]

«Es una ilusión óptica. Yo me veía en el espejo y me veía terrible. Ni siquiera hablamos de gorda o flaca. Yo me veía horrible. Yo pensaba que la forma de cambiar de verme horrible a verme bonita iba a ser continuar adelgazando».[103]

Recuerda con dolor Anahí que, como el resto de los anoréxicos, comenzó a comer sólo determinados alimentos en determinadas cantidades, partía la comida en pequeños trozos y la separaba...

Aunque tengan hambre, es tal el miedo a engordar, que para evitar comer satisfacen su ansiedad bebiendo agua en grandes cantidades, entregándose al ejercicio físico desmesurado e incluso tomando laxantes o provocándose el vómito. Todo por conseguir perder peso. Anahí, como otras muchas víctimas, disfrutaba cuando la gente horrorizada le decía que estaba muy flaca. A una anoréxica le encanta oírlo. Nunca se está suficientemente delgada como para gustarse a uno mismo.[104]

«Es una adicción»,[105] ha reconocido Anahí.

Anahí tenía tan sólo catorce años cuando murió su abuela. Es entre esa edad y los dieciocho años cuando más jóvenes caen atrapados en esta terrible enfermedad. Pero no es éste el único rasgo que Anahí comparte con el resto de las víctimas de esta enfermedad. Aseguran los expertos que son los chavales de clases sociales media y alta, y los que han sufrido la muerte de un ser querido o han visto a sus padres separarse, los más proclives a padecer anorexia. Una enfermedad que los que, como Anahí, la padecen, se niegan a reconocer.[106]

Anahí mantenía una guerra interna que no pasaba desapercibida para su familia. Sus compañeros de trabajo en la serie *Primer amor* contemplaban atónitos el progresivo adelgazamiento de la rubia de ojos azules más guapa de la serie.

«Yo lo controlo, me decía. Cuando yo quiera comer, como y ya está. Y así no hay bronca».[107]

Anahí hacía que comía con la única intención de callar la boca a todos aquellos que insistían en que no debía quedarse más flaca. En la serie, ella misma aconsejaba a otra protagonista que luchara contra la bulimia... ¡Paradojas de la vida!

«Cuando terminé *Primer amor... A mil por hora*, tenía quince años e iba a cumplir dieciséis, pero desde los catorce

io
tu
lui°, lei°, Lei°
noi°
voi°
loro, Loro

estaba muy mal. Empecé muy rápido. En dos años me fui para abajo».[108]

Cayó en las garras de una terrible enfermedad que la apartó del mundo del espectáculo. Su salud estaba destrozada. Durante dos años, desde el año 2001 al 2003, desapareció por completo del panorama televisivo. Todo el mundo se preguntaba dónde se escondía la guapa y joven actriz. Nadie hallaba respuesta a por qué desaparecía súbitamente una de las jóvenes promesas mexicanas. La razón era tan dura como para esconderla.

«Llegué a pesar treinta y cuatro kilos»,[109] ha confesado la actriz.

¡Treinta y cuatro kilos! Increíble pero cierto. ¿Era Anahí víctima de esta sociedad que nos bombardea constantemente diciendo que debemos ser altos, estilizados y esbeltos? Sí, lo era. Al igual que el resto de los adolescentes, la cantante de RBD era entonces más vulnerable e insegura, dependiente de lo que opinasen los demás, inestable por su edad... Factores que, en muchas ocasiones, hacen a las chicas esclavas de las modas.

«Te fijas en atrás en cada alimento, en qué es lo que tiene y no tiene. Se empieza a volver una obsesión. Yo creo que es la enfermedad».[110]

Sigue relatando Anahí que, como todas las chicas, y a diferencia de los chicos, analizaba su cuerpo bajo un prisma excesivamente crítico. Era muy dura consigo misma, viéndose más gruesa y fea de lo que los demás apreciaban. Anahí cayó en la trampa y casi lo pagó con su vida.

«Cuando me empecé a dar cuenta de que era tiempo de parar, fue imposible. Volvía de un viaje y de pronto me empecé a sentir muy mal. Cuando llegamos al hospital, Dios nos iluminó, porque fue el momento exacto. Se me paró el corazón ocho segundos y bueno... lograron revivirme».[111]

Su corazón llegó al límite y a punto estuvo de dejar de latir.

De ese modo recuerda Anahí el momento que más cerca ha estado de la muerte. Por su obsesión, por querer ser delgada, su corazón dijo basta. Según estudios médicos, la anorexia provoca que chicas de diecisiete años tengan corazones del tamaño de una niña de siete. Quedarse en los huesos provoca esos graves daños en el corazón adolescente. Hoy en día se desconoce si recuperando peso se consigue devolver la normalidad al funcionamiento cardiaco.[112]

La anorexia mató a cien personas en España durante el año 2005. Más de ochenta mil enfermos sufrieron por esta terrible enfermedad, que es la tercera causa de enfermedad entre los jóvenes españoles.[113]

Los padres de Anahí pasaron las horas más amargas de su vida al ver a su pequeña ingresada en el hospital. Envidiados por muchos por tener una hija tocada por el éxito, veían cómo su pequeña se debatía entre la vida y la muerte, por un sentido erróneo de la belleza. Anahí, que ha confesado sin tapujos que la anorexia es una adicción tan terrible como otra cualquiera, comenzó un largo peregrinaje en busca de ayuda para solucionar su problema. Pasó por tres clínicas diferentes, distintos hospitales en busca de ese tratamiento que la ayudara a salir del túnel.

«Estuve en tratamiento, con psicólogos y psiquiatras —se lamenta Anahí—, y lo más triste es que yo me estaba llevando conmigo a mi papá, a mi mamá, a mi hermana y a mi familia. Eso era por lo que yo más sufría».[114]

No sólo Anahí recibió ayuda médica. Sus padres, al igual que el resto de los padres de adolescentes, recibieron asesoramiento especializado. La familia y los íntimos de la enferma también han de recibir orientación y ayuda.

«Mis papás se desesperaron como cualquier padre. Era lo que más me desesperaba, porque yo decía: "Yo no quiero que sufran...", pero no podía».[115]

Afortunadamente, Anahí salió poco a poco del pozo sin fondo en el que estaba. «Durante los dos años que dejé de salir en las telenovelas comenzaron todo tipo de especulaciones, pero la auténtica verdad quedaba oculta para los íntimos».[116]

Nadie la vio en ese lamentable estado: ninguna revista, ningún periodista. Oculta a los ojos de todos pero rodeada del amor de los suyos, se fue recuperando. «La misma empresa de televisión se preocupó y me decían que cómo me iban a poner a trabajar, con los ritmos tan pesados de trabajo que tiene una telenovela».[117]

En aquella época pocos pudieron acceder a esa Anahí que recluida en el hogar intentaba recuperarse de su problema. Paola Santoni, actriz en diversas series de la época, dice haber compartido con ella unos días de convivencia y aún recuerda impactada el lamentable estado de la joven Anahí y su constante estado de decaimiento.

Algo que admite la rubia de RBD: «Yo caminaba tres pasitos y era sentarme. El cuerpo se va quedando sin fuerza, sin vitamina».[118]

Así lo recuerda ella y así lo confirma el testimonio de Paola Santoni, que añade que era lamentable ver a aquella niña tan preciosa constantemente apenas con las fuerzas justas para moverse por la casa.

Sólo en los casos realmente graves se ingresa a una anoréxica en un hospital de manera prolongada. Se hace únicamente cuando la desnutrición es muy grave, cuando hay alteraciones en los signos vitales. Los médicos recomiendan los tratamientos ambulatorios siempre y cuando se cuente con compromiso familiar de cooperación. De esa manera se inicia el tratamiento de realimentación hasta que el cuerpo se acostumbra a recibir alimentos de nuevo. Con paciencia, el cuerpo se va recuperando, y en el caso de las chicas, reaparece la menstruación, que con frecuencia pierden. Más tarde, los psicólogos serán los encargados de mejorar la autoestima y eliminar la percepción errónea del cuerpo.[119]

Anahí, dando muestras de una enorme fuerza de voluntad, consiguió vencer sus miedos e inseguridades. Aprendió a quererse, a dejar de comparar su aspecto con el de las demás, a mirarse al espejo y ver reflejado en él solamente lo que más le gusta de su apariencia, a saber, que la parte más bella de una persona está en el interior de sí misma. Aprendió a ver su gran corazón.

«Soy muy consciente de que esto es como ser alcohólico; esto va a vivir conmigo siempre».[120]

Resurgió de sus cenizas como el ave fénix. Recuperada de su enfermedad, la vida le daba su recompensa al duro esfuerzo. Volvía a ser feliz. Llegaba una nueva oferta de trabajo en la serie que le abriría de nuevo el mercado de las telenovelas: el papel de Jessica Riquelme en la serie *Clase 406*.

Fue allí donde su inquietante mirada se cruzó con la de un morenazo de ojos entre verde y café que sería importantísimo en su vida futura. Su nombre, Poncho. ¿Os suena? ¡Sí! Los dos «rebeldes» más fashion trabajaron juntos en esta serie... Pero sería el ojo avispado del productor Pedro Damián lo que les uniría de nuevo en un proyecto que revolucionó sus vidas: *Rebelde*.

> Y soy rebelde
> Cuando no sigo a los demás
> Si soy rebelde
> Cuando te quiero hasta rabiar
> Y soy rebelde
> Cuando no pienso igual que ayer
> Y soy rebelde
> Cuando me juego hasta la piel
> Si soy rebelde
> Es que quizás nadie me conoce bien.[121]

Con ese grito de guerra, el del estribillo de la serie juvenil de televisión con más éxito en los últimos tiempos, llegó el éxito definitivamente a la vida de Anahí. A los veintiún años, la vida de Anahí se fundió con una joven súper pija, caprichosa y superficial llamada Mía Colucci, su personaje en *Rebelde*. Mía, hija de un ricachón que cría a su hija a todo lujo, la convertía en la ficción en algo así como la Paris Hilton del Elite Way School.

«La diferencia entre Mía y yo radica en lo fashion que es. A mí me gustaría ser como ella —se ríe Anahí—. Ojalá. Tener siempre esa energía para inventarse cosas, para estar perfecta y para preocuparse por todos y organizar sus vidas... A mí me cuesta a veces coordinar la mía».[122]

La hipermimada Mía se vio obligada desde pequeña a vivir sin su madre, que la dejó sola en brazos de su rico papá. Pese a que el rico empresario le da todo tipo de caprichos, le falta algo vital: su madre. Una familia rota que le resulta muy cercana a Anahí, hija también de un matrimonio separado.

Chismes y rumores

Sus padres, Enrique y Marichelo, rompieron su relación y actualmente comparten sus vidas con nuevas parejas. Anahí, al igual que su hermana Marichelo, han aceptado con naturalidad el derecho de sus padres a vivir una nueva oportunidad en la vida. Anahí reconoce que su familia es un enorme punto de apoyo para su complicada vida profesional.

Así respondía a las preguntas sobre su relación familiar saliendo al paso de las afirmaciones de algunos que aseguraban que no se veía apenas con su padre.

«La actriz y cantante Anahí ha ganado millones de dólares por su éxito en RBD. Ella se acaba de comprar una casa de un millón de dólares. Sin embargo, su papá, Enrique Puente, pasa trabajo en un apartamento rentado por 100 dólares (en una zona peligrosa). Puente vive con Beatriz, su pareja, está muy enfermo y casi no sale por miedo a la inseguridad».[123]

Con ese titular abordaban algunos medios la relación entre Anahí y su padre. Según un vigilante de la unidad de Cuitláhuac, Anahí podría «avergonzarse del lugar donde vive su padre».[124]

Germán Sánchez, el vigilante de lengua descarnada que dio lugar a la polémica noticia, siguió lanzando todo tipo de dardos envenenados contra ella afirmando que durante los doce años que llevaba viviendo el padre en un apartamento pequeño como el «nido de un pájaro»,[125] la cantante de RBD sólo había visitado a su padre en contadas ocasiones. Según el vigilante, Anahí llegaba al lugar oculta tras unas gafas, y tras mirar de un lado a otro, entraba corriendo al edificio permaneciendo con su padre sólo media hora. Por si eso fuera poco, el supuesto testigo añadía más leña al fuego al afirmar que el padre de Anahí estaba gravemente enfermo con un enfisema pulmonar y sin dinero. Según el mismo testimonio, el padre habría sobrevivido durante un tiempo gracias a la ayuda de algunos vecinos y empeñando sus cosas de valor en el Monte de Piedad.[126]

La publicación del escandaloso artículo molestó muchísimo a la cantante de RBD. No es de extrañar. Anahí asegura tener una relación fantástica con su padre, al que adora y ve tantas veces como le permite su ajetreada vida. Sirva como detalle para demostrar ese amor que siente hacia su «daddy» (manera cariñosa que tiene para referirse a su padre), la siguiente observación: entre los elementos de atrezzo que adornan su habitación del Elite Way School, Anahí introdujo un portarretratos con la foto de su querido padre para poder sentirle más cerca durante las grabaciones.

Los rumores de esa mala relación entre padre e hija siguieron aumentado pese al intento de Anahí por contener una información que estaba causando un enorme daño a su familia. Fue en el programa radiofónico *Radio Show Piolín* donde la actriz intentó acallar definitivamente los crueles comentarios sobre su mal comportamiento como hija.

El presentador le preguntó sobre esos rumores que señalaban que tenía problemas con su padre y que no quería saber nada del él. Anahí contestó tajante afirmando: «Se han dicho tantas tonterías, tantas porquerías, que me dan risa y me dan flojera… —respondió dolida Anahí—. Tengo una familia hermosa y gracias a Dios a mi familia no le gusta meterse con la prensa y nada de eso, y por eso nunca contestamos, porque mi familia es muy aparte y les choca las cámaras y les choca los chismes, y la verdad es que a mí me encanta que les choque porque hay tanta gente que está contando su vida y a mí eso no me gusta. Es algo muy chistoso como la gente habla de nosotros sin conocernos. Pero a mí me da mucha risa y la verdad es que no me interesan los chismes. No importa lo que la gente opine de ti a menos que tú te lo creas».[127] Durante varios minutos Anahí charló con el periodista sobre la excelente relación que existe no sólo entre ella y su padre, sino también entre sus dos progenitores. Aun así, el periodista insistía en esos rumores malvados que presentaban a su padre como un hombre abandonado por su hija. Finalmente, una inesperada llamada telefónica al programa emocionaba a Anahí hasta dejarla casi sin palabras.

—Hola mi vida, ¿qué tal estás cariño? —preguntó una voz masculina que intervenía telefónicamente.

—Te amo, te amo, te amo —gritó emocionada Anahí.

—Yo te adoro, hija mía.[128]

El padre de Anahí acudía en apoyo de su hija cuando más falta le hacía, y ponía de este modo fin a todas las especulaciones que malintencionadamente presentaban a la cantante como una mala hija. Para todos aquellos que decían que su hija no le ayudaba económicamente, Enrique dejó bien claro que estaba orgulloso de su hija. Para aquellos que tuvieran dudas, dejó bien claro que era él mismo quien «al pie del cañón» se valía por sí mismo para mantener sus necesidades y lo hacía por decisión propia. No quedaba lugar a la duda: las relaciones entre ambos eran fluidas y con mucho amor.

«Mi papá es lo mejor del mundo—sentenció Anahí emocionada por el apoyo inesperado de su padre—. Ay, te amo papá, te amo».[129]

Anahí está cansada de ser objeto constante de los comentarios malintencionados de algunos sectores de la prensa. Así lo ha dejado patente en alguna ocasión, entre ellas en la fiesta que marcó el final de la grabación de la serie *Rebelde*, harta de la etiqueta de niña caprichosa que no tolera a los periodistas.

Así es Anahí, una chica sincera que va de frente aunque con ello se gane enemigos en el peligroso mundo de los paparazzi.

«Uy, a mí me ponen en los diarios que no hay por donde cogerlo. Siempre me ponen que soy anoréxica, y me parece muy feo que se burlen o jueguen con algo que me costó mucho trabajo aceptar y que fue un problema que tuve y salí adelante»,[130] se lamenta dolida la «rebelde», que a diferencia de otras actrices da la cara aunque con ello se arriesgue a no caer bien a los periodistas.

«Es una pena que no se fijen en que una persona también puede salir adelante. Al contrario, ser un ejemplo para decir: sí, se puede. Y hoy estoy perfecta y si yo puedo, tú puedes. Siempre lo toman por el lado malo y me quieren ver recayendo... Espero en Dios que no pase nunca».[131]

Antes muerta que sencilla

Con ese titular: «Antes muerta que sencilla»,[132] se hacían eco algunos medios del enfado de Anahí con algún sector de la prensa. Como Mía, su personaje en *Rebelde*, Anahí tiene madera de líder y sabe manejar las situaciones por muy desfavorables que puedan parecer. En ese pulso que mantiene con los periodistas, Anahí marca claramente que a carácter nadie la gana.

«Si me caes bien, soy súper linda; si me caes mal, no lo soy. Por salir en la tele es obvio que no a todos les caigo bien, ni que todo el mundo me tiene que caer bien a mí. La gente que me quiere, me quiere por como soy»,[133] sentencia la actriz.

Si hay algo que ha hecho que Anahí sea perseguida por la prensa es sin duda su agitada vida sentimental. Y lo es desde que apenas estrenó la adolescencia. Desde entonces, los chismes y rumores sobre quién es el hombre que ocupa su corazón han sido objeto constante de comentarios. Fue en el año 2002 cuando el amor llamó por primera vez a su puerta. Al menos así lo vivió Anahí. Se trataba de un príncipe azul salido del grupo de pop Mercurio. Su nombre: Alejandro Sirvent. Probablemente fue el único con el que soñó verse vestida de blanco y camino del altar. Fue en la entrega de premios «Lo Nuestro» cuando se hizo público su romance. Juntos, cogidos del brazo, pasearon su amor. Álex, orgulloso, se refería a ella llamándola «princesa».

«Siempre nos van a ver juntos, nos queremos mucho. Álex es un rey —presumía Anahí enamorada—. Para mí es lo máximo y estoy feliz de estar con él... que la persona que quieres hable tan bonito de ti. Para ti como mujer es hermoso»,[134] decía Anahí, exultante, a los medios. La ilusión, el amor, alejaba definitivamente la pesadilla de la anorexia. La joven Anahí estrenaba por aquel entonces algo más que novio. Presentaba por primera vez un *look* que años después la ha convertido en un mito erótico para muchos: sus cabellos empezaban a adquirir sus primeros mechones rubios.

La pareja de guapos se convirtió en la envidia de muchos jóvenes aztecas. Gritaban a los cuatro vientos su amor, soñaban con su boda. Imaginaban ese día y planeaban cada uno de los detalles. Incluso Álex llegó a entregar el anillo de boda a su amada Anahí. Pronto se empezó a hablar de los conflictos entre ambos, de las malas relaciones familiares, de que ambos eran demasiado jóvenes para unir sus vidas... Muchas personas opinando de sus vidas, que culminaron con duros enfrentamientos en la pareja. Afirman que los ataques de celos de Anahí eran tremendos, llevando a varias rupturas a las que luego sucedían tórridas reconciliaciones. Anahí decía no hacer caso a los chismes: «Realmente nunca nos fijamos en eso, hasta nos daba mucha risa».[135]

Tras dos años, llegaba la confirmación de que aquello era insostenible. Anahí reconocía así el fracaso sentimental.

«Todos quisiéramos el noviazgo perfecto y que durara toda la vida, pero a veces no se puede, y los dos estamos superchavos, por lo que ahora estoy encantada con mi trabajo y es lo que debo de hacer».[136]

¿Fue la familia de Álex responsable de esta ruptura? ¿Estaba mal vista Anahí por el padre de Álex?

Unas polémicas declaraciones del joven hicieron sospechar que fueron sus progenitores los responsables de su crisis. «Sí. Aclarar que hubo un malentendido en la forma en que dije que estaba peleado con mis papás —intentó justificarse Álex—. Entonces sí Anahí y yo somos familia por estar juntos, sin tener un título de estar casados o lo que sea, ella se convirtió en mi familia y su familia es mi familia también. ¿Me entiendes? Entonces andar diciendo o andar hablando, no viene al caso».[137]

La supuesta interferencia paterna fue para algunos el

desencadenante de más de una tensión en la pareja. Si para
su chico la opinión de sus progenitores era importante, no
lo era menos para Anahí: «La opinión de mis papás es súper
importante porque siempre son los que dan su aprobación.
Yo creo que cuando dos personas se quieren tanto, si tus
papás ven que estás feliz, pues van a estar felices».[138]

Un cuento de hadas con novios felices, suegros encan-
tados y... ruptura imprevista. Así fue su romance. Cuentan
que fue Anahí quien dio por terminado su amor. Al menos
fue ella quien lo hizo público un poco en contra de la voluntad de Álex. Su notificación dejó malhumorado al que pudo
haber sido su marido. Dicen algunos que aún albergaba esperanzas de volver con la rubia de RBD. Pero ¿sería definitiva
la ruptura? ¿Se guardan rencor los enamorados?

Según Anahí, no.

¿De quién fue la responsabilidad de la ruptura? Sólo ellos
tienen la respuesta. Lo único cierto es que el asunto marcó
el corazón de ella, y volcada en su trabajo, eludía toda posibilidad de nuevo romance por muy atractivo que fuera el
pretendiente.

Meses después veíamos unas imágenes de Álex muy acaramelado con la guapísima Araceli Arámbula. ¿Amor o mon-
taje? Araceli, enfadada, denunció sentirse utilizada por el ex
de Anahí. Sospechaba que los paparazzi habían sido alerta-
dos por Álex y afirmaba que no había existido nada entre
ellos.[139]

Anahí veía las fotos publicadas en las revistas y cara a
la galería afirmaba no importarle: «Ahora somos dos personas libres de estar con quienes queremos estar, y le deseo
la mejor de las suertes a él, ya que es una gran persona y un
gran amigo».[140]

Pero ¿realmente le daba igual a la temperamental Anahí ver a su ex con otra? Dicen que esas fotos provocaron que la relación entre ambos, una vez separados, fuera casi un campo de batalla. Faltaban metros entre ambos cuando, por casualidad, se cruzaban por los pasillos de Televisa. Ella intentó quitar hierro al asunto ante la prensa.

«Él tiene una gran oportunidad, está en una novela y cuando nos vemos en los foros nos saludamos como grandes amigos y no pasa nada».[141] Eso es lo que decía Anahí. Según algunos testigos, ni se saludaban. Complicada situación teniendo en cuenta que ambos trabajaban en dos culebrones de la factoría audiovisual azteca: ella en *Rebelde* y él en *Corazones al límite*.

Mía Colucci y su espíritu «rebelde» comenzaban a poseer a Anahí dotándola de una seguridad y una rebeldía hasta entonces desconocidas en ella. «A pesar de que me dolió mucho esto, uno tiene que seguir adelante en la vida. Soy muy consciente del ser humano que soy —afirmó segura de sí misma y consciente de su valía como mujer—. Sé que vendrá algo mejor para mí. Estoy muy tranquila».[142]

El hombre perfecto seguía sin aparecer ante la exigente Anahí. Desde luego, de existir, se debía alejar mucho del perfil de su anterior pareja. La distancia y el tiempo le harían comprender, pasados unos años, que la inmadurez es mala compañera para un proyecto tan serio como es el matrimonio.

«Creo que todos quisiéramos el noviazgo perfecto y que durara toda la vida, pero a veces no se puede».[143]

La prensa seguía indagando por aquel entonces el estado sentimental de Anahí. Durante meses nadie ocupaba el corazón de la joven que cansada de romances con jóvenes inmaduros, llegó a afirmar que le gustaban los hombres mayores que ella porque «son mucho más caballerosos y se preocupan más por complacerla a una en todo, son más atentos, experimentados y cachondos».[144] Poco podía imaginarse el efecto que esas declaraciones desencadenarían en la mente de algunos periodistas malpensados.

Súbitamente, el nombre de un actor mucho mayor que ella saltó a los noticiarios del país mexicano. Andrés García, el guapo y maduro galán mexicano, se convertía sin quererlo en objetivo de la prensa que indagaba sobre la relación que ambos mantenían.

Los rumores de discusión entre Anahí y su familia cobraban fuerza y la prensa se preguntaba qué la unía a Andrés García, un galán mucho mayor que ella con el que supuestamente compartía techo. «Dicen que la actriz se peleó con su familia y buscó asilo con Andrés».[145]

Continuaba la información difundida por el programa *La Oreja*... Según fuentes periodísticas, tras un presunto enfado con sus padres, Anahí habría abandonado su casa y solicitado a Andrés, un viejo amigo de la familia, ayuda y un techo para dormir. «Adoro a Andrés, mi familia entera lo adora —se defendió Anahí—. Siempre voy a estar en contacto con él y siempre le voy a pedir consejo; es una persona que adoro. No hay nada más, sólo amistad».[146]

Acallaba las voces que afirmaban que entre ella y Andrés García, un hombre que podría ser su padre, pudiera existir algo más que una amistad. Cansada de ser objeto constante de chismes, la rubia concluía un rumor doloroso dada la profunda amistad que había entre ambos. «A veces hay gente cochina que quiere ver algo sucio donde no lo hay. A Andrés García lo adoro, es como mi papá, lo quiero muchísimo y siempre lo voy a querer muchísimo».[147]

Anahí ponía punto y final a los rumores que hablaban de un enfado monumental con sus padres y de una huida a casa de Andrés García. «Gracias a Dios yo siempre he tenido una casa y una familia y me da mucha risa que digan eso. No, nunca he vivido en casa de Andrés».[148]

La chica de RBD negaba haber vivido nunca en casa del maduro actor. Señalaba a la prensa como inventora de un chisme infundado e irreal...

¿Se enamoró Luis Miguel de Anahí?

Pero la historia pudiera no ser tal y como la cuenta la «rebelde» Anahí. Al menos, según las declaraciones hechas por la actriz Paola Santoni al autor de este libro. La actriz e hija de Espartaco Santoni afirma haber sido testigo del periodo de tiempo en el que Anahí vivió en casa de Andrés García. Un relato que contradice totalmente la versión de la joven de RBD, y que además sorprende al afirmar que durante aquella época el cantante Luis Miguel pudiera haber sucumbido a los encantos de Anahí.

Paola Santoni recuerda muy bien aquellos quince días que pasó con Anahí en casa del actor Andrés García. Cuenta Paola que la «rebelde» estaba acompañada de su hermana. Juntas habían acudido al hogar de Andrés García por petición de la familia de Anahí. «Fue Andrés García quien me dijo que Anahí tenía un problema tremendo. La madre ya no sabe qué hacer y me la han enviado aquí quince días para ver si... como me dedico a hacer ejercicio, vida sana... la puedo ayudar».[149]

Según Paola, fueron los problemas de anorexia los que

77

hicieron que la familia, desesperada, buscara apoyo en el actor, gran conocedor de la vida sana y deportiva. ¿Por qué niega Anahí haber vivido nunca en casa de Andrés cuando, según el testimonio de Paola Santoni, su estancia duró quince días?

Ella sabrá los motivos, pero lo cierto es que para Paola Santoni, quien ha confesado también haber padecido anorexia antes de conocer a Anahí, lo vivido en su convivencia con la «rebelde» trajo de vuelta terribles fantasmas. «En casa de Andrés García convivimos quince días juntas. No comía nada —relata Paola—. A la hora de los desayunos no bajaba a desayunar, a la hora de la comida no existía. Sólo bajaba en las horas intermedias y siempre estaba tumbada. Ahí fue cuando yo me di cuenta y le dije a Andrés García que esta niña tenía un problema».[150]

La imagen de Anahí tumbada, sin fuerzas, y huyendo de todo posible encuentro con las comidas hizo que el novio de Paola Santoni se preocupara, como el resto, por el motivo por el que la actriz nunca comía. «Tiene un problema, déjame hablar con ella —fue la respuesta de Paola Santoni—. Hablé con ella y me lo negaba todo el tiempo».[151]

A Paola, Anahí le inspiraba mucha lástima. Por su propia experiencia conocía lo que podía estar pasando por la mente de la chica de RBD. «Yo le decía: yo lo he pasado. Yo sé lo que es tener la garrafa de agua a un lado y que no pase por tu boca un trozo de comida —recuerda Paola—. A esta niña yo la llegue a ver con cuarenta kilos. Como ella es muy chiquita, parecía que se iba a romper. Yo la vi muy mal. Traté de hablar con ella pero la única manera de entender esa enfermedad y curarla es aceptarla. Si no la aceptas no hay manera de curarte».[152]

Paola escribió el libro *La más bella del cementerio*. En él describe el infierno que vivió como enferma de anorexia en una sociedad en la que sólo las más guapas alcanzan el éxito. Por aquel entonces sus consejos sirvieron para poco. Anahí en esos momentos no quería aceptar la voz de la experiencia.

«No me lo aceptó en ese momento. Ella iba con su hermana. No me lo aceptó y llegó a estar bastante mal de médicos e incluso a ingresar. Ahí es cuando se dio cuenta de que estaba enferma, que no era que si era más flaca iba a ser más exitosa o que si era más flaca iba a tener la mejor telenovela. Eso es lo que te venden. La que es más flaca, la que mejores pechos tiene es la que tiene la mejor telenovela. Pues no. Es la que más talento tiene o la que más suerte tiene».[153]

Paola todavía no ha olvidado la visión de Anahí tumbada en un sillón dormitando. Un estado constante de desinterés por lo que la rodeaba impidió a Anahí ver como uno de los hombres más deseados del planeta fijaba sus ojos en ella.

Así relata Paola un hecho que hasta la fecha muy pocos conocían. Luis Miguel, el más deseado de los cantantes latinos, el eterno seductor, el rey de los boleros, pudo haberse sentido atraído por Anahí.

El encuentro entre ambos se produjo oculto de las miradas indiscretas de la prensa. «Hubo un flechazo tremendo entre ellos dos»,[154] cuenta Paola Santoni. Según ella, Luis Miguel y Anahí coincidieron durante unos días en casa de Andrés García en la época en la que la joven se enfrentaba a su trastorno. El decaimiento de la joven era tal que, según cuenta Paola Santoni, Luis Miguel buscó la complicidad de Andrés para acercarse a Anahí. «Era una pena, porque Andy y Luis Miguel se lanzaban unas miradas... Eran las miraditas de "qué bombón de niña", "que me gusta", y él decía, "sí, pero..."».[155]

¿Fue el constante estado de decaimiento de ella lo que dio al traste con cualquier posibilidad de que cupido cumpliera su misión? ¿Estuvo enamorado Luis Miguel de Anahí? ¿Habrían sido las cosas de otro modo de haber estado Anahí más receptiva al supuesto interés de Luis Miguel?

El caso es que finalmente entre ambos todo se quedó en un juego de miradas que en el caso de Anahí, lejos de demostrar amor, demostraba el lamentable estado en que se encontraba. «No sé si es que ella era tímida o simplemente estaba débil —reflexiona Paola—. La verdad es que yo he vivido la anorexia y en esas circunstancias no tienes fuerzas ni para decir hola... Aunque la verdad... ¡que no te suban los ánimos teniendo a Luis Miguel tirándote los tejos...!»,[156] concluye entre bromas Paola Santoni.

Deshojando la margarita

La azarosa vida sentimental de Anahí la ha puesto constantemente en una difícil situación con la prensa. Han sido muchas las ocasiones en las que ha terminado de muy mal rollo con algunos periodistas que sólo han visto en ella un objeto para hacer subir audiencias a cuenta de escándalos a veces inventados. Pero no todo son problemas con la prensa. También en este difícil mundo le salen admiradores. Sin ir más lejos, dicen que Ryan Seacrest, el incisivo y agresivo presentador de *American Idol*, se puso especialmente nervioso y cayó rendido ante sus ojazos cuando la entrevistó en su programa de radio. Y eso que el inglés de Anahí no era todo lo fluido que ambos hubieran deseado...

«Annie, creo que eres hermosa»,[157] le espetó el presentador nada más comenzar la entrevista.

La «rebelde», un tanto desconcertada y pese a sus problemas con el inglés, encandiló al presentador, que apenas reparó en la presencia de Christopher en el estudio hasta ese momento. Fue entonces cuando les lanzó a ambos la pregunta más comprometedora: «¿Es cierto que fueron pareja? —preguntó el locutor—. ¿Por qué se acabó la relación?».[158]

«Era muy joven para mí»,[159] respondió Anahí.

Escuetas palabras para explicar una relación sobre la que se han vertido ríos de tinta en los rotativos mexicanos. Christopher y Anahí, los dos miembros del grupo RBD, se conocieron en el año 2003 e iniciaron una historia de amor que duró aproximadamente unos ocho meses. Lo que empezó siendo una historia de cuento de hadas terminó provocando dolor de cabeza a la rubia de RBD. Dos años después, Anahí bromea cuando se le pide que recuerde cómo nació su historia de amor: «Yo no me acuerdo de nada. Tengo problemas de amnesia. A veces se me va la onda».[160]

El recuerdo de esa época no parece agradar demasiado a Anahí.

¿Tan desagradable fue la experiencia como para que Anahí argumente que tiene problemas de amnesia y eluda dar explicaciones?

¿Qué pudo ocurrir en entre estos dos guapos «rebeldes» para que tan sólo ocho meses después de iniciar su relación se fuera por la borda?

La relación entre ambos comenzó durante las grabaciones de *Rebelde*. Anahí, en su papel de Mía Colucci, se metía en la piel de una pobre niña rica que busca desesperadamente el amor. Christopher interpretaba el papel de Diego Bustamante, un niño rico, mimado, orgulloso y chulito, que con sus encantos volvía locas a las chicas del centro escolar...

¿Diferían mucho los personajes de ficción de los de la vida real? ¿Cómo se inició esa relación?

Fue durante una fiesta del equipo de la telenovela en la que se celebraba el final de la primera temporada cuando saltaron las chispas. Dicen algunos que se comían con la mirada. Luego llegaron las copas, la música, y pasó lo que tenía que pasar... Ambos se enamoraron.

«La verdad es que fue muy chistoso —relata Christopher—. Me acuerdo que estábamos bailando. Estábamos en Monterrey, todos estábamos de fiesta. Ahí fue, ahí empezó todo».[161]

Empezaba una relación de alto voltaje. Dos jóvenes guapos, con éxito... Anahí y Christopher Uckermann se convirtieron en la comidilla de todos sus compañeros. Las jornadas eternas de grabación se salpicaban con miradas, caricias y besos, que aunque intentaban hacerse de manera discreta, pronto llamaron la atención de los avispados periodistas. Unas imágenes comprometidas de ambos en actitud cariñosa fueron difundidas en un programa de espectáculos de Televisa. Aun así, Anahí negaba ese romance. «Somos súper amigos. Es uno de mis mejores amigos, lo adoro... Siempre me ven con él por eso, porque somos muy amigos y no hay nada que ocultar. Yo creo que si hubiera algo, igual ni nos hablábamos».[162]

Hablaban de una buena amistad, de que se querían como amigos, pero la prensa les seguía los pasos. Pronto, lo que era un rumor se convirtió en una noticia que ninguno de los dos podía ocultar. Finalmente reconocieron su romance abiertamente. Las imágenes de Christopher y Anahí paseando su amor por todo el mundo sorprendieron a los fans de RBD, que hacían apuestas sobre cuánto duraría una pareja tan explosiva. Pasados un par de meses comenzaban a saltar las alarmas. La prensa mexicana hacía públicas las fisuras del noviazgo al revelar que «Christopher Uckermann prefiere ir con sus amigos de discotecas».[163] Salta el escándalo cuando él y otro joven compartieron una conquista en uno de los locales.

RBD era ya por entonces un grupo musical de enorme éxito que traspasaba fronteras. Se enfrentaban al reto de conquistar el mercado brasileño cuando comenzaron los primeros problemas de la pareja. Las jornadas de grabación del primer disco en portugués, un idioma desconocido para todos ellos, empezaban a manifestar la tensión de los dos enamorados. Los rumores insistían en la crisis entre Anahí y Christopher por las constantes salidas de él con sus amigos a lugares de ocio. La noticia se daba así en Colombia: «Anahí, una de las tres chicas del grupo, está pasando al parecer por una crisis porque su compañero Christopher Uckermann no le hace mucho caso y la relación que mantenían podría haberse terminado».[164] La pareja estaba herida de muerte, según la prensa: «El productor de la telenovela, Pedro Damián, y guardián de la mina de oro que representa el grupo, les ha cantado recientemente la tabla advirtiéndoles que los excesos que están cometiendo y su repercusión negativa en los medios les podría perjudicar su imagen».[165]

El escándalo estaba servido. La corte de los rumores hablaba de celos, roces y rivalidades entre Anahí y Christopher, un tumor que comenzaba a fracturar la unidad de RBD. La crisis dentro del grupo debía ser resuelta cuanto antes. Fue el último mes el peor para ambos. Los reproches, los engaños... Finalmente ambos decidieron poner fin al sufrimiento que se estaban causando. Admitieron que lo suyo fue un error, que su amor nunca debió haber pasado de la amistad. «Descubrimos que como novios éramos muy buenos amigos».[166]

Agua pasada. Eso es lo que significa para ambos el romance que vivieron. Una historia a la que ya han puesto hace tiempo el punto y final. Una herida que tardó en cicatrizar al convivir constantemente en las grabaciones de la serie y en las actuaciones del grupo.

¿Fue el fuerte carácter de Anahí el motivo de muchas tensiones?

Ella reconoce ser una mujer con muy mal genio.

«Soy bipolar —bromea Anahí—. Tengo mal carácter como todos, pero si me saco un moco me van a decir que soy una sacamocos, si grito un día, soy una gritona, así que mejor me relajo».[167]

Algunas voces decían que ella era la responsable de la ruptura. Afirmaban también que la tensión entre ambos fue enorme, que se cortaba el «mal rollo»... Ahora, pasado el tiempo, se sienten buenos amigos, como hermanos.

Superada ya la separación, Anahí comenzó el año 2005 acompañada de un guapísimo muchacho a bordo de un barco en Puerto Vallarta. Las fotos, que fueron publicadas en una revista, mostraban a la sexy de RBD en compañía de Murad, un concursante del programa *Gran Hermano* azteca, compartiendo una cena de las que se llaman románticas. El nuevo romance de Anahí comenzaba a ocupar ríos de tinta en tierras aztecas. Al principio, como de costumbre, la rubia lo negó por activa y por pasiva: «Yo recibo todos los años en el mar, ése es así como mi ritual y me fascina, porque es el contacto así con la naturaleza y con los animales y con el agua y con el sol, como que a mí me llena».[168]

Anahí y Daniel jugaban a despistar a la prensa. Durante tres meses el juego del «ahora sí, ahora no» fue su táctica. El juego llegó a su fin cuando los dos tortolitos fueron sorprendidos abrazados a la salida de un programa al que Anahí había acudido como invitada. La cantante estaba encantada entre los fornidos brazos de Daniel.

«Existe una relación de amistad. Es una niña que yo admiro, que quiero muchísimo. De verdad es un ángel de mujer; pero una relación sentimental no hay —intentó justificar el concursante al programa *La Oreja*—. La abrazo como abrazo a cualquier amiga, y ella me abraza como abraza a cualquier amigo. A mí me gusta mucho acompañarla a sus eventos, a las cosas importantes que ella tenga que hacer, como cualquier otra amiga».[169]

Ésas fueron las primeras declaraciones del guapo Daniel Murad tras hacerse pública su amistad. Las explicaciones de Anahí apuntaban en la misma dirección: «Es mi amigo, ya me he cansado de aclararlo. No tengo novio; el día que lo tenga lo diré. Daniel es mi amigo, estoy harta de esos chismes porque no ando con él y nunca lo haré. Si piensan que hay algo porque lo abrazo, a todos mis amigos los abrazo porque los quiero y también saludo de beso a toda la gente».[170]

Comenzó así una relación de amistad para ellos. De amor para los periodistas. El joven, un año mayor que ella, estudiaba Derecho y al parecer era bastante enamoradizo.

Ante la enorme presión de la prensa, Anahí hace oídos sordos. Aun así, cada actuación, cada grabación de *Rebelde* está marcada por la constante insistencia de los fotógrafos buscando un beso, un abrazo, una caricia furtiva...

Durante esa época empiezan a desatarse los rumores de una nueva recaída de Anahí en su terrible trastorno alimenticio. La sombra de la anorexia vuelve a planear sobre la joven, que niega atravesar esos problemas. Daniel Murad salió en su defensa.

El ex concursante se lamentó del daño que tales rumores de anorexia causaban a la cantante de RBD. Murad, bastante molesto con la prensa, recriminó a los periodistas que esos comentarios dañaban a Anahí. Muchos vieron en la férrea defensa que hizo de Anahí un noviazgo en toda regla. Las salidas de ambos eran constantes pese a que las apuestas decían que aquello duraría poco, dado el supuesto mal carácter de la «rebelde».

Fuera por esos constantes cambios de humor o por una relación que nunca existió, ocho meses después el romance se daba por finiquitado. El 14 de agosto Daniel anunciaba el inicio de su noviazgo con María, una joven desconocida. Para Anahí sólo tenía buenas palabras: «Ella es una súper niña. La quiero mucho. Es una de mis mejores amigas, pero nunca hemos andado, esos fueron rumores que la prensa inventó, específicamente una revista, pero nada que ver. Es más, cuando salen ese tipo de publicaciones sobre nosotros nos atacamos de la risa, porque no nos molestamos, estamos conscientes de que somos personas públicas».[171]

La pregunta que todos los fans de RBD se hicieron en esos momentos era obvia: ¿cómo podría afectar a Anahí semejante ruptura con su «sólo amigo»?

Según Daniel Murad, el asunto no le quitaba el sueño a la guapa «rebelde»: «En cuanto a Anahí, sabe que tengo esta relación con la que llevo apenas una semana y eso le da mucho gusto; porque de verdad somos muy buenos amigos y espero durar mucho con María porque aunque suene cursi es algo así como mi alma gemela. Me entiende, tenemos mucho en común».[172]

Pese a que se especuló un poco más de tiempo con este *affaire*, finalmente todo quedó descartado cuando se supo que Anahí ya tenía un nuevo hombro en el que apoyarse. El del actor puertorriqueño Derrick James, conocido como Santos en la teleserie *Rebelde*. Para algunos se trataba una vez más de una pareja imposible. Cuesta imaginarse la situación de Anahí durante las grabaciones. Por un lado, Christopher, su ex, y por otro, Derrick, su chico en esos momentos. La cosa no duró mucho. Al parecer, ambos discutieron al poco tiempo de iniciar su relación y fue Anahí quien tomó la decisión de finiquitar la relación. Dicen que durante algún tiempo Derrick albergó esperanzas de una posible reconciliación, pero pronto surgieron los rumores del nuevo romance de Anahí. La prensa mexicana define a Anahí como una joven de muchos y breves romances. Es ahí cuando la prensa se fijó en la enorme amistad que surgió entre ella y el más guapo de los «rebeldes»: Poncho.

La cosa se ponía interesante cuando al poco tiempo los rumores indicaban la existencia de un supuesto coqueteo entre Anahí y Poncho. Sus apasionados besos en la serie subían la temperatura de los platós a límites insospechados. Se desataban todo tipo de cábalas sobre su posible noviazgo. Mía Colucci y Miguel Arango, sus personajes, seguían devorándose en la ficción y muchos quisieron ver en esa tensión sexual de la serie algo más. La intensidad del rumor llegó a ser tal, que el propio Poncho pidió a Anahí que aclarase en un programa de televisión que entre ambos no existía nada.

—Aclara el rumor Annie—suplicó Poncho.

—No, para nada —afirmó Anahí—. Al rato de Christopher y al rato de Poncho. Nooo... Eso ya sería muy moderno entre nosotros, no, para nada.[173]

Aun así, de poco sirvieron las explicaciones dadas por ambos en dicho programa. Casi tres años después, en abril de 2007, aún seguían enfrentándose a las mismas preguntas. En esa fecha la sexy «rebelde» concedía una entrevista al programa *La Oreja*, y el periodista lanzaba a Anahí una vez más la pregunta del millón: «¿Es cierto que tienes un romance con Poncho?».[174]

Una pregunta que ella ya está cansada de responder.

«Desde que comenzamos con el proyecto de nuestra pasada novela *Rebelde* nos están inventando chismes de que somos pareja, pero han pasado ya tres años y lo único que nosotros queremos decirles es que nos queremos mucho y siempre va a ser así».[175]

Anahí niega un nuevo romance secreto.

«Ahora Poncho —se quejó—. Te juro que cada semana tengo como dos novios, y la onda es que por ustedes me entero de quién es el nuevo novio, pero no, Poncho es mi amigo, lo adoro, siempre estamos pegados y juntos».[176]

Las explicaciones de ambos repetían una vez más el discurso de que entre ellos sólo existía una buena amistad. Anahí, molesta, remarcaba sobre los que la criticaban: «No han de tener amigos, porque si teniendo un amigo ya es tu novio, tienes que tener algo que ver con él. Oye, pues qué enfermo tienes que estar para que todos tus amigos tengan que ver algo conmigo. Además, si fueran verdad todos los novios, qué gusto tan internacional tendría yo».[177]

¿Existirá o habrá existido algo entre ellos y no lo sabemos?

Ésa es la duda que asalta a periodistas y fans. El tiempo dirá cuánto hay de amor y cuánto de marketing comercial en esta polémica pareja.

Más clara fue Dulce, la ex de Poncho y compañera de rodaje de ambos en *Rebelde*, quien ante la insistencia de los periodistas por conocer su opinión ante este romance oculto, contestó: «No me importa... Cuando termina algo, termina y lo importante es la felicidad de cada uno... Lo único que puedo decir es que yo los veo a diario y se llevan muy bien, creo que todos nos llevamos bien»,[178] sentenció la ex de Poncho.

Así es Anahí, una chica que deja huella. Dicen que Derrick, tiempo después de su ruptura, podría seguir suspirando por ella. No es el único. Como el puertorriqueño, miles de hombres se sienten irremediablemente atraídos por su sensualidad y magnetismo.

Pero ¿cómo ha de ser el hombre que consiga mantener a Anahí a su lado?

Aviso a navegantes. No soporta a los aduladores ni a los fantasmas: «Me chocan los tipos que llegan a piropear... El típico que llega y te dice yo soy, yo tengo, yo hago…».[179]

Descartados los chulitos de discoteca y aquellos que se creen que se la puede conquistar con un deportivo o la cartera llena de dinero. Anahí prefiere a aquellos que la sorprendan con el método de la vieja escuela: «Mejor con florecitas, cursilerías y que me escriban cartas. Yo sí soy muy cursi».[180] Así, ya sabemos que para encandilarla, lo primero que hay que dejar a un lado es la prepotencia y la chulería. Quien se enamore debe hacerlo de su interior, no de la estrella de RBD.

«Yo me he encontrado con chavos que nada más conocerme me dicen que "somos la pareja perfecta" o que soy "la mujer ideal" para él, y yo me pregunto, ¿cómo pueden decir eso a los pocos minutos de conocernos? Es porque ellos se hacen una idea de mí a través de la televisión, las revistas, los conciertos, y ven cosas en mí que no son reales. En mi caso, eso ha sido básico para que no tenga novio desde hace no sé cuántos años. Bueno, desde hace dos —corrige Anahí—. Eso no significa que no vayamos a encontrar nunca el amor. Todos tenemos la esperanza de que esa persona especial llegará algún día, pero estamos conscientes de que es complicado. Tendría que ser alguien que pudiera viajar a todos lados con nosotros, alguien que no fuera nada celoso y, en cambio, muy seguro de sí mismo».[181]

Si en estos momentos estás desesperado pensando que Anahí lo que busca es un príncipe azul... ¡Desengáñate! ¡Nada más lejos de la realidad! Lo que más nerviosa pone a la enamoradiza Anahí es un tipo duro, con aspecto de malote, tatuado hasta las cejas y una mirada de esas que hacen temblar las piernas...

¿Quieres saber quién es el guaperas que la vuelve loca? Ahí va el nombre: Robbie Williams.

Recientemente fue la encargada de entregar al guapo cantante el galardón por la mejor canción en inglés. Sus piernas temblaban como las de una colegiala cuando el cantante de *Feel* le dio un besazo de esos que hacen época como muestra de agradecimiento. «Estoy muy emocionada y por favor les pido que de ahora en adelante me digan señora Williams»,[182] dijo Anahí anonadada.

No sabemos cómo terminó su encuentro... Seguramente Robbie aún recuerda los ojazos de la mexicana mirándole fijamente. Dicen que es bastante difícil mirarla sin quedarse prendado. De sus ojos, y de su fantástico cuerpo, que cuida como uno de sus mayores tesoros. Gracias a un físico espectacular Anahí se ha ganado un hueco entre la lista de mujeres más deseadas.

Oscuro objeto de deseo

Elegida por la revista *Maxim* como una de las latinas más «hot»,[183] son muchas las revistas para hombres que se disputan hacerla portada de sus ediciones.

En el año 2006, el conejito más famoso del mundo ponía sus ojos en Anahí. No nos estamos refiriendo a Bugs Bunny. No... Nos referimos a la revista *Play Boy*. La más prestigiosa revista para hombres del mundo parece ser que se fijó en ella. Al parecer, la oferta millonaria tentó durante algún tiempo a la artista. Le ofrecieron una suculenta cifra económica.

«Aceptar significaba mi completa independencia financiera, mas considero que no preciso de eso en este momento»,[184] se explicó recientemente la cantante tras aclarar que había rechazado la oferta.

No ha sido la única propuesta para ser portada de cotizadas revistas masculinas. Por suerte para sus fans, Anahí ha aceptado posar en algunas de ellas. Sirva como ejemplo sus fotos en *Maxim* o *H*, que arrasaron en ventas. Los comentarios sobre esos atrevidos posados han sido claramente a favor de los mismos. Nadie pone en duda el espectacular físico de la que, para muchos, es la chica más sexy de RBD.

Guapa, rica, deseada por los hombres... Anahí reúne todas las cualidades para despertar envidias entre compañeras de profesión.

«Anahí es como la "Baby Spice" o una "Barbie de playa" —dijo su compañera de reparto en *Rebelde* Angelique Boyer, también conocida como Vico—. No todas las rubias somos iguales. Espero que me comparen por lo rubia y no por lo tonta. Todos sabemos la imagen que tiene Paris Hilton, pero la culpa la tienen las rubias del pasado que dejaron esa imagen de tontas ante todo el mundo. Corresponde a esta generación, o por lo menos a mí, demostrar lo contrario».[185]

¿Envidia? ¿Sinceridad? ¿Quiere decir que Anahí es una rubia tonta?

A Anahí esos comentarios no parecen quitarle el sueño.

A su jovencísima edad, Anahí es millonaria.

«Me lo gasto todo. Ahorro, he trabajado y ahorro, pero normalmente sí gasto mucho y compro muchas tonterías».[186]

Sus ingresos aumentan vertiginosamente y la convierten probablemente en una de las jóvenes más adineradas de su país. La cantante de RBD tiene su propia tienda de complementos. Un negocio que al parecer marcha viento en popa.

Sueña poder tener su propia boutique en Milán, paraíso de la moda italiana. Al menos eso cuenta la prensa azteca. También han publicado que es propietaria de una mansión valorada en un millón de dólares situada en una de las zonas más exclusivas de la Ciudad de México. Al parecer, las medidas de seguridad que tiene la vivienda son tremendas, y para acceder a ella, tienes que pasar por personal de seguridad y 20 dispositivos de vigilancia... ¡Casi nada![187]

Ser uno de los iconos juveniles en toda América le asegura, entre otras cosas, tentadoras propuestas publicitarias. En cierta ocasión una conocida marca de cerveza le ofreció un contrato millonario. Anahí rechazó vincular su imagen a una bebida alcohólica.

Ídolo juvenil. Ésa es su responsabilidad. Anahí lo sabe y acepta el reto con ganas. Donde quiera que va, miles de jóvenes sueñan con ser, vestir, bailar y encontrar una chica como ella.

En concierto: Ecuador

En su interminable periplo por el mundo hay un país que ha quedado grabado en el corazón de Anahí. Se trata de Ecuador. De allí se llevó un recuerdo que jamás podrá olvidar. El amor y el cariño del pueblo ecuatoriano quedó representado en un gesto protagonizado por un fan de tan sólo doce años. Diego Larrea se coló como pudo hasta el lugar donde estaba la rubia de RBD, y tras darle unos besos enormes, le regaló una nota y un peluche.

El jovencísimo fan ecuatoriano sintió como le temblaban las piernas al ver de cerca a su cantante favorita y se marchó tan contento con la intención de poder relatar a sus padres la aventura vivida. Según se pudo saber, el muchacho había ido solo al espectáculo de RBD porque en casa estaban bastante apurados de dinero. Sirva como dato que su madre trabaja fuera del país para poder mandar dinero a su marido e hijo.

Como Diego, miles de fans con lágrimas en los ojos vibraron aquel 21 de abril de 2007 en el Coliseo Rumiñahui. Casi 18.000 «rebeldes» enloquecieron al empezar a sonar los primeros compases de *Ser o parecer*, un número uno en las listas ecuatorianas de discos. Anahí interpretó la balada de su nuevo disco *Algún día*, con una camiseta de la selección de fútbol de Ecuador. Cuando desde lo alto del escenario gritó que llevaba Ecuador en su corazón, Anahí no mentía. Jamás olvidaría lo vivido allí, la entrega de todos los fans y en especial del pequeño Diego, que en aquel concierto de la gira «Celestial» casi tocó el cielo...

Especialmente al entonar su canción *Sálvame*, un tema que le hace recordar los problemas reales que ella tuvo «de anorexia; y con el que también puedo ayudar a gente que ha pasado por problemas de drogas, aceptación...»,[188] explicó emocionada Anahí a su público.

«Anahí es una niña que necesita mucho amor, no porque no lo tenga si no porque ella es así»,[189] explica Pedro Damián, el productor de RBD.

Anahí pasea con orgullo por todo el mundo su trabajo y su país: México. Mucho más allá del Atlántico, más allá de América, por todo el mundo se extiende RBD.

En julio de 2005 el periódico *Reforma* dejaba atónita a Anahí con este titular: «*Rebelde* paraliza Israel».[190]

La serie protagonizada por ella y sus compañeros causaba furor en el país de Oriente Próximo. La fiebre de *Rebelde* traspasaba fronteras hasta límites insospechados llegando a cautivar hasta al propio canciller de Israel, Silvan Shalom, quien, según el diario *Reforma*: «Interrumpió una reunión que mantenía con un grupo de 36 legisladores latinoamericanos que se encontraban en aquel país de visita oficial».[191]

¿El motivo? Había llegado la hora de ver *Rebelde*.

Según contó Pedro Damián, el productor de la serie, el país hebreo se paralizaba todos los días de 9 a 10 de la noche, la hora en la que se emitía la serie. Un hecho absolutamente sorprendente en un país divido por las contiendas y el odio.[192]

Nuevas culturas que hacen enloquecer a Anahí con sólo imaginarse el momento de pisar tierra en esos lejanos países. A su lado, siempre, Pedro Damián, el productor musical que vio en ella la estrella que hoy es. «Creo que ella ha entendido mucho más su propia vida a través de RBD, a través de la música. De pronto se siente sola y quiere casa, piensa en su familia. Es muy amiguera, le gusta salir, ir y venir... Es una niña muy, muy especial».[193]

Uno de los momentos álgidos de la vida profesional de Anahí va asociado al mundo de la religión. Fue su voz la que dio vida al tema *Mensajero del Señor*, con la que miles de católicos mexicanos dieron la bienvenida al Santo Padre durante su visita a Yucatán.

La rubia de *Rebelde*, partidaria de hacer el bien y ayudar a los necesitados, ha colaborado activamente en la idea de crear la Fundación Sálvame de RBD con la finalidad de ayudar a chicos de la calle.

«Nunca dejen de soñar. Porque los sueños se pueden cumplir. Échenle muchas ganas a todo lo que hagan —aconseja Anahí a todos los que como ella sueñan con un mundo mejor, con progresar, por conseguir alcanzar metas—. Y si en mí pueden ver un ejemplo de que sí se pueden lograr muchas cosas, tómenlo en cuenta porque echándole ganas, sí se puede».[194]

Un acto de solidaridad admirable en una Anahí que pese a ser creyente tiene su modo particular de practicar la fe cristiana: «Yo la verdad es que solamente me confesé en la primera comunión y no creo en la confesión. Yo creo que te puedes confesar con Dios en tu casa, en el coche o en el baño, donde tú creas. No creo mucho en que una persona te juzgue aunque sea un sacerdote. Cada quien es algo muy personal pero yo no lo practico».[195]

Anahí tiene su propio evangelio, su propio credo, una manera de ver la vida que va más allá de confesiones o rituales religiosos. Una filosofía que grita al ritmo de sus canciones: «Creemos que otra de nuestras responsabilidades es enviar siempre mensajes positivos que son parte de nuestra forma de pensar. A todos nos encanta decir en nuestros conciertos que RBD quiere paz, que no queremos guerras, que no queremos drogas... Lo que más deseamos todos es que quien siga a RBD siga algo positivo».[196]

Ésa es la cara oculta que se esconde tras la fachada de superficialidad con que algunos ven a Anahí. Una vida marcada por los chismes, las mentiras o las medias verdades dichas sobre su persona. Ella ha aprendido a vivir con esa lacra que el éxito lleva incorporada en muchas ocasiones.

«Es parte del show en el cual estaré hasta que me harte. No es algo que quiera hacer hasta que me muera, porque sí afecta. Soy un ser humano y me lastiman los comentarios, pero como en todo, hay gente que me cae mal y gente que me cae bien».[197]

Esa disparidad de opiniones la acompañará de por vida. Lo sabe y lo soporta lo mejor que puede. Lo que peor lleva son las mentiras, las falsedades que responden al único fin de dañarla, de destrozar su confianza.

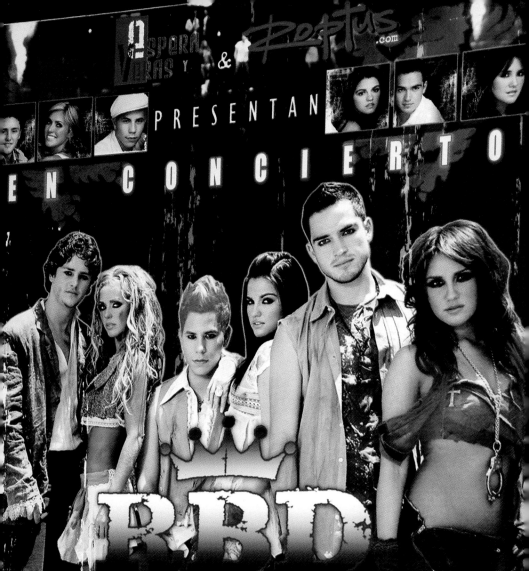

OUR CELESTIAL 2007

VALLADOLID
ZARAGOZA
SANTIAGO
LAS PALMAS
TENERIFE
SAN SEBASTIAN

BARCELONA
MADRID
MÁLAGA
BENIDORM
JEREZ

INVITADO ESPECIAL:

Diego ≫≫
[+D] más

REGISTRATE EN *Roptus* .com PARA GANAR BOLETOS DE PRIMERA FILA!

BD, dispuestos a arrasar en su gira por España.

Christopher Von Vckermann es, a sus veinte años, el benjamín del grupo.

Christopher posa con este angelical rostro.

Christian Chávez, pensativo, durante una rueda de prensa.

Así de simpático y risueño se muestra Christian ante las cámaras.

Alfonso se ha convertido en un sex symbol para sus fans.

Su físico y su desparpajo en el escenario le han convertido en un «rebelde sin causa».

Sus constantes cambios de look le han hecho ganarse el título al más inconformista.

Christian Chávez, muy entregado en uno de los conciertos de RBD.

A pesar de su juventud, Christopher sabe cómo afrontar el peso de la fama.

Aunque le cueste reconocerlo, sus compañeros le consideran el más coqueto de RBD.

A pesar del éxito
que cosecha entre el
público femenino,
Poncho aún no ha
encontrado a la
mujer de su vida.

Poncho pone la mejor de sus sonrisas para la firma de autógrafos.

Los chicos de RBD han fraguado una gran amistad fuera de los escenarios.

Alfonso y Christian en la presentación de la Gira RBD 2007.

La puesta en escena es una de las grandes bazas del exitoso grupo mexicano.

Christopher, Dulce y
Christian posan así de
sonrientes tras recibir el
premio Juventud 2006.

Christopher fuc el único ausente durante la presentación en Miami de la Gira RBD TOUR GENERATION 2006.

RBD quiso agradecer el apoyo de sus fans firmando esta foto.

RBD contagia su alegría allá donde va.

El grupo RBD, en plena actuación, anima al público a que tararee sus canciones.

Fuera de los escenarios, RBD también forman una gran familia.

Una instantánea tomada en Madrid en julio de 2006 con motivo de su Gira RBD TOUR GENERATION 2006.

Anahí y Dulce María, dos bellezones del grupo R

todiadas por Christopher y Christian.

Tras tres años cosechando éxitos,
el grupo sigue teniendo buena onda.

Christian Chávez, durante una actuación de RBD en Anaheim, California.

Poncho y Christian interpretan uno de sus éxitos en Barcelona (enero 2007).

Imagen casi al completo del grupo, el día anterior a la entrega de los Grammy Latino, en noviembre de 2006.

Divertida instantánea en Disney World aprovechando un descanso de su Gira norteamericana (diciembre 2006).

En todos sus conciertos
se cuida hasta el más
mínimo detalle.
La escenografía y los
efectos especiales son
siempre espectaculares
(marzo 2006, Panamá).

El grupo no podía ocultar su felicidad al conocer el éxi

tas en México y EE UU de su anterior disco, *Nuestro amor*.

RBD acaparó los premios Juventud 2006 al conseguir un total d

galardones (julio 2006, Miami).

Los chicos de RBD pisan la alfombra azul de los prestigiosos premio

...ventud, que se otorgan anualmente en Miami (julio 2006).

Una de sus actuaciones más destacadas de 2006 fue la que ofrecieron en el Miami Arena durante el concierto «Amor a la Música».

Los RBD también fueron nominados a los Billboard Latinos de 2006, donde consiguieron dos galardones (abril 2006, Los Ángeles).

Dulce María, Christian, Poncho y Christopher junto a sus fans brasileños antes de un concierto que se celebró en Sao Paulo (febrero 2006).

Anahí es una de las artífices del cambio de
imagen de RBD (julio 2006, Nueva York).

La furia rebelde de Anahí
se desata durante el
concierto celebrado en
Panamá (marzo 2006).

Maite es sorprendida durante una de
las coreografías del concierto que se celebró
en Acapulco en febrero de 2006.

Maite mira fijamente a Dulce María, mientras que el equipo de maquillaje y peluquería ultima el look de la cantante (enero 2006, Los Ángeles).

Anahí siente una auténtica fascinación por el mundo de la moda y ella es la diseñadora del vestuario de la Gira 2007 (febrero 2006, Acapulco).

A sus veinticuatro años, Maite es la única fémina de
RBD que está comprometida (julio 2006, Madrid).

Aunque Anahí reconoció
haber sufrido problemas
por culpa de la anorexia,
ahora puede decir bien
alto que los ha superado
(julio 2006, Madrid).

Antes de formar parte de RBD, Dulce ya había hecho sus pinitos con la música en algunos grupos infantiles de la época (julio 2006, Madrid).

Su inconfundible color de pel
la ha convertido e
todo un icono para las jóvene
de todo el planet
(febrero 2006, Acapulco

Miami fue testigo de la
sensualidad que desprende
Anahí sobre el escenario
(octubre 2006, Miami).

Camaradería, hermandad y «buen rollo» entre el sector femenino de RBD (marzo 2006, Panamá).

Así es Anahí. Una niña, tan sólo una niña escondida tras el maquillaje y un *look* de mujer segura y valiente. Una máscara fashion de glamour que apenas esconde un corazón de niña asustada.

«Soy una persona muy sensible, extremadamente sensible —ha confesado Anahí—. A veces soy explosiva, y en ocasiones he tenido que empezar a controlar eso. Estoy muy apegada a los míos, a mi familia, a mi gente. A veces soy bastante infantilona, pero la verdad es que a eso sí me he resistido mucho... Creo totalmente en la filosofía de Peter Pan... y creo que nunca debemos de crecer, que es lo más bonito que tiene el ser humano: seguir siendo niños».[198]

CHRISTOPHER ALEXANDER
LUIS CASILLAS
VON UCKERMANN
(CHRISTOPHER)

Su nombre es Christopher Alexander Luis Casillas Von Uckermann, pero los que le quieren bien le llaman «Bebé», «Ardillita» y «Ucker». Para muchas fans, es el más guapo de los chicos de RBD. Él se define a sí mismo como un romántico empedernido que tiene en las mujeres su mayor debilidad.

El 21 de octubre de 1985 ninguno de los componentes de la familia Casillas en México DF, reparaba en que el pequeño Ucker venía al mundo el mismo día que un sueco ilustre, Alfred Nobel, fundador del premio que lleva su nombre.

Hijo de madre sueca y padre mexicano, Christopher estaba predestinado a ser actor. Sus padres eran incapaces de apartar la mirada de aquel bebé tan precioso que pronto comenzaría a enloquecer a los publicistas del país. Su sangre, mitad azteca, mitad sueca, le daba unos rasgos y una belleza distinta a la del resto de los niños de su edad. Christopher estaba llamado a triunfar en el mundo de la televisión.

Alexandra, su madre, dejó las frías tierras del norte de Europa y viajó a México a principios de los ochenta. Modelo de profesión, viajó por medio mundo siendo imagen de importantes firmas y tiendas. La suerte quiso que encontrara el amor en México y fue allí donde decidió establecer su vida junto al padre de Christopher. En Europa quedaban los abuelos del pequeño, a los que adora y visita siempre que puede. «Mis abuelos están orgullosos y súper contentos de ver mi popularidad. Cuando vinieron a México y me vieron no lo podían creer».[199]

Hijo único, protagonizó su primer anuncio con poco más de tres años. Su madre, que era también su representante, le acompañó a las pruebas y a la posterior grabación del spot. El pequeño niño prodigio comenzaba así su meteórica carrera hacia el éxito y vivía su primer contacto con las cámaras como si de un juego infantil se tratara. Era distinto al resto de sus compañeros de juegos escolares. Su vida era la tele. Cuentan que en el colegio le apodaban «Estrellita». Aseguran que aún le da vergüenza recordarlo. Los platós han sido su segunda casa desde la infancia. Allí ha vivido, ha estudiado, ha crecido e incluso ha vivido su primer amor. Por supuesto, fue en televisión donde experimentó por primera vez el placer de besar a una chica. «Mi primer beso debió ser a los diez años más o menos. De hecho, fue en una novela, en un show de la tele. Además, fue mi primera novia y duró un año. ¡Era muy chiquito!».[200] Primer beso y primera novia. Eso se llama acertar de pleno. Amor casi infan-

til, de adolescencia recién estrenada... Un momento mági-
co que como casi todo en su vida va asociado a su trabajo
en el mundo de la televisión.

Su vida fue distinta a la de otros chavales de su edad,
con experiencias y aventuras que tal vez se perdió.

«Hay cosas que se pierden pero se reponen por otras
—reflexiona Christopher recordando su infancia distinta a
la del resto de los chavales de su edad—. No tuve esa etapa
en el colegio, en la que salías con tu novia o te ibas con tus
"cuates" al cine o de antro o discoteca. Yo estaba grabando
en los platós. Salía con la novia pero en los platós fue todo
totalmente diferente... Dejas unas cosas por otras».[201]

Con estas palabras expresadas en un momento de soledad, Christopher admite lo mucho que su juventud ha estado marcada por el trabajo. De cómo se privó de vivir anó-
nimamente sus primeras experiencias vitales: un primer
amor, sus primeras salidas nocturnas o poder ser un chaval
más.

Admirador desde su niñez de Elvis Presley y de Michael
Jackson, ha conseguido en algunos momentos superarles en
fama. Ser artista fue desde siempre su vocación, un deseo
que su madre Alexandra fomentaba pero no a cualquier precio. En declaraciones a algunos periodistas su madre ha dejado bien claro este asunto.

«Siempre me he preocupado porque Christopher com-
bine la escuela y el trabajo».[202]

Combinar escuela y trabajo, todo un reto para cualquier
chaval de su edad y también para Christopher, al que no le
ha resultado fácil llegar hasta donde ha llegado. Sentarse a
estudiar o a preparar un examen después de una intensa jor-
nada de grabación en una teleserie requiere una gran fuer-

za de voluntad y una enorme capacidad de concentración. Un esfuerzo difícil de soportar para muchos.

«Si algo admiro de mi hijo es la tenacidad —afirma la madre en medios periodísticos—. Todo lo que se propone lo consigue. Es muy competitivo. Siempre quiere ser el mejor y su meta es ganar un Oscar y trabajar para un importante director de cine».[203]

Luchador, tenaz, responsable... Son sólo algunos de los adjetivos con los que se puede definir a Christopher, además de buen hijo. Adora a sus padres, a los que tiene presentes en todo momento. Su infancia fue la de un niño feliz que jugaba por los alrededores de casa con su patinete.

Fruto de esa afición, y tras horas y horas sobre las ruedas de su juguete favorito, Ucker se ha convertido en uno de los mejores patinadores de su país. Su pericia manejando el artilugio le ha permitido ganar varios concursos a nivel nacional con sus sorprendentes piruetas.

Como cualquier chico de su edad practica desde hace muchos años deportes como el fútbol, el tenis y el pádel. Gracias a esa afición por el ejercicio físico, Christopher ha conseguido esculpir un físico que enloquece a sus fans.

Una mirada intensa y una sonrisa irresistible le han acompañado con éxito a cualquiera de los *castings* a los que ha acudido desde niño, muchos de ellos acompañado de su madre.

«He tenido suerte al tener unos papás como los míos; me han ayudado mucho. Tengo que agradecerles todo».[204]

Fue en 1998 cuando a Christopher le llega su prueba de fuego. A los doce años ya conocía el significado del terrible cosquilleo en el estómago previo a los *castings*. Como él, decenas de niños se presentaban a las pruebas de una nueva telenovela producida por Televisa. Se buscaban nuevos valores infantiles para una serie infantil y allí estaba Christopher acompañado por su madre, con la que mantiene hasta hoy una confianza absoluta.

Ella es su mejor amiga y siempre ha tenido total confianza con ella para hablar de sus problemas y de sus logros.

En su familia todavía recuerdan los gritos de alegría con que se celebró el momento en el que conocieron que Christopher había sido seleccionado como el actor que daría vida al personaje de Christopher Robin en la telenovela *El diario de Daniela*.

La serie trataba de las aventuras de Daniela Monroy, una niña de diez años y su pandilla de amigos, incluido un fantasma. Allí compartió horas de trabajo con una jovencita que marcaría años después su vida: Anahí. Con ella mantuvo un romance explosivo del que hablaremos más adelante.

Los ojos de Belinda

Meses después, con catorce años, Christopher recibió una nueva y tentadora oferta de trabajo. *Amigos X Siempre* era la nueva producción de Televisa. El argumento era casi premonitorio en la vida del guapo «rebelde». Interpretaba a un niño rico llamado Santiago que compartía aventuras escolares con otros jóvenes adinerados que, como él, acudían al Instituto Vidal, famoso por su alto nivel social y su severa disciplina.

Una historia y un papel muy similar al que años después le lanzó a la fama en *Rebelde*. El joven Ucker conoce entre el resto del reparto de la serie a una mujer también muy importante en su vida: la actriz Belinda, protagonista de la serie en su papel de Ana.

Un año después llegaba el papel de un nuevo personaje: Ángel del Huerto. *Aventuras en el tiempo* le brindaba la posibilidad de ser uno más en el amplio elenco de jóvenes promesas de Televisa y le permitía vivir la excitante aventura de poder viajar en una máquina del tiempo.

En esta ocasión repetía reparto con Belinda, también protagonista de tan singular historia. Este trabajo abría para Ucker un nuevo campo profesional: la música. Christopher escribió el tema musical para la telenovela.

Pero no fueron esos los motivos por los que Christopher recordará siempre su paso por esta serie. En *Aventuras en el tiempo* descubrió algo más que sus posibilidades musicales o el actor que llevaba dentro. También experimentó una sensación intensa que le ponía extremadamente nervioso... Un cosquilleo tremendo recorría su cuerpo cada vez que la guapísima Belinda se aproximaba a él. «Esa relación fue algo que los dos tomamos diferente, fue como de niños, pero la gente lo hizo más grande».[205]

Chris plantea su relación con Belinda como el romance entre casi dos niños. Como un juego inocente de dos adolescentes precoces que han crecido en un mundo de adultos, el de la televisión...

¿Sería Belinda esa misteriosa niña a la que besó por primera vez?

Mucho se ha especulado sobre su relación a lo largo de estos años. Ella lo ha negado. Christopher, bastante más ambiguo en este asunto, ha deshojado la margarita en alguna ocasión. Tras aceptarlo en algunos momentos, en otros lo ha negado categóricamente.

«Belinda asegura que no y que no, que no fue novia de Christopher Uckermann».[206] Con este titular sentenciaba Belinda el supuesto *affaire* con Ucker. Miles de fans suspirando por él y ella negándolo radicalmente... ¿Verdad o mentira?

Un romance de los de película protagonizado por dos de los guapos de moda en México. Perfecto argumento para las revistas y programas de televisión en busca constante de noticias sobre amoríos. Un jugoso tema negado por ella y, según algunos, admitido por él.

Sólo ellos saben a ciencia cierta lo que realmente ocurrió entre ambos.

Años después, se ha vuelto a afirmar que mantuvieron un romance de adultos.

En el amor, Christopher se define como romántico, apasionado e intenso. Un joven, un galán al que miles de chicas desearían poder estrechar en sus brazos.

«¿Mi mujer ideal? Una que me quiera como soy y que sea sencilla».[207]

Como en sus canciones, Christopher vive por el amor. Detallista y sensible, afirma que le encanta hacer feliz a la mujer que comparte su vida. Para ello, este «romeo» no pone límites a la hora de sorprender a su amada: «Una gran sorpresa, algo que no esperara, como aparecer con un ramo enorme de flores»,[208] confiesa el romántico cantante de RBD.

Christopher, pese a su juventud, sabe lo que es sufrir de amor y lo mucho que hay que luchar para conquistar a determinadas mujeres. Preguntado por cuál ha sido la principal locura que ha cometido por amor, relata una aventura digna de la película más romántica que uno pueda imaginar. «Estar cuatro horas esperando a la chica que me gustaba enfrente de su casa mientras caía un chaparrón».[209]

Calado hasta los huesos por amor...

Suponemos que la espera mereció la pena y que su amada se lo recompensaría al menos con uno de esos besos que a él tanto le gustan. «A veces los prefiero dulces pero en otras los quiero pasionales»,[210] ha detallado recientemente para alegría de las que sueñan con besarle.

Depende del momento y de la situación. Besos largos y apasionados o dulces y delicados. Cualquiera de ellos puede volverle loco con tal de que procedan de una boca enamorada. «Los labios los prefiero finos, pero me da igual»,[211] explica con naturalidad.

Se cuentan por miles las jóvenes que desearían poder besar apasionadamente al sexy Christopher. Por todo el mundo, concierto tras concierto, las fans enloquecen con cada uno de sus movimientos, de sus sensuales movimientos en el escenario. Icono sexual de chicos y chicas, se confiesa un clásico en el terreno de la seducción. «Yo prefiero llevar la iniciativa, aunque debo reconocer que a veces me han tocado chicas muy lanzadas y también me lo pasé súper».[212]

Clásico en terrenos de seducción, prefiere ser él quien dé el primer paso. Como un donjuán en pleno siglo XXI, parece sentirse un tanto desbordado ante la desinhibición de algunas chicas.

Superado ese primer momento, no os preocupéis. Para aquellas que tengan la suerte de encontrarse en tan privilegiada situación, Christopher ya ha dado algunas pistas: «Me encanta que me acaricien en la espalda y en la cabeza... Una caricia que me haga perder la cabeza... Es obvio...».[213] El «rebelde» no quiere especificar qué se esconde tras su afirmación «Es obvio...». La verdad es que resulta fácil imaginárselo.

Más claro ha sido el «rebelde» a la hora de explicar las zonas del cuerpo que le gusta acariciar a sus compañeras de juegos sexuales. «A mí... me gusta acariciarles en la cara y en la espalda».[214]

Su primera vez

Christopher habla a corazón abierto de su vida sexual. Sin pudor. Tras confirmar que sus zonas más erógenas están en el cuello y en sus oídos, ha ido más allá. Apenas estrenaba mayoría de edad cuando el actor recuerda su primer contacto sexual. Lo hacía de esta forma: «Mi primera relación sexual la tuve a los diecisiete años... ¡y fue padrísima!».[215]

Perdió la virginidad a los diecisiete años, una edad bastante común entre muchos jóvenes españoles, al menos eso dicen las encuestas. El más joven de los RBD conserva un grato recuerdo de aquella primera vez.

«Creo que para tener la primera relación sexual no hay una edad determinada. Más bien creo que ésta se debe tener cuando se está suficientemente informado sobre las consecuencias que puede tener y cuando se ejerce con responsabilidad».[216]

¿Estaba preparado Christopher para ese momento? ¿Lo estaba la mujer que le inició en el mundo del sexo? ¿Quién fue esa misteriosa compañera de su primera vez?

Christopher no desvela la identidad de su amante.

¿Fue un acto de rebeldía esa primera vez? ¿Estaba preparado para vivir una experiencia sexual? «Muchas personas que no están preparadas cuentan que su primera vez fue traumática; en mi caso fue padrísima, maravillosa».[217] Por suerte para él, esa primera vez fue todo un éxito que recuerda con emoción años después.

No queremos dejar de olvidar que cada año quedan embarazadas 15 millones de adolescentes,[218] algo que en múltiples ocasiones se convierte en un serio problema para el desarrollo de sus planes de vida futuros.

«Por supuesto que me protegí y protegí a la chica con quien lo hice, usando condón —aclaró Christopher dejando claro su responsabilidad en ese momento tan íntimo—. Todo el mundo debería hacerlo para no tener broncas de enfermedades de transmisión sexual o embarazos no deseados».[219]

Christopher utilizó sabiamente preservativos que le protegieran a él y a su pareja. Aquellos que comienzan tempranamente sus relaciones sexuales tienen un mayor riesgo de embarazos no deseados y de problemas de salud. Entre ellos, enfermedades venéreas o el temido SIDA.[220] Lejos de convertirse en alguien que incite a perder la virginidad a una edad determinada o animar a otros a seguir su ejemplo, Ucker elude esa responsabilidad.

«No creo tener ni la edad ni la experiencia para dar consejos, pero si todo mundo hablara abiertamente de cuestiones sexuales, otra cosa sería. En mi casa se habla abiertamente de sexo desde que yo era más chavo y tengo una gran comunicación con mis padres».[221]

Afortunadamente, Christopher conversó con sus padres desde niño sin dificultades sobre el tema de la sexualidad; sin embargo, hay un número importante de chavales que no consiguen romper el hielo que existe entre las generaciones, ahondando más los problemas que se tienen a esa edad.[222] Algunos expertos animan a que sean los propios jóvenes los que se acerquen a sus padres para iniciar una comunicación en torno a la sexualidad. Si esto no es posible, también se puede recurrir a los hermanos mayores, tíos o profesores.

Orgulloso de sí mismo, Christopher habla abiertamente y sin tapujos de su vida sexual. Mucho más recatado aunque desatando pasiones entre las féminas le hemos visto en la serie *Rebelde*. Chicos de todo el mundo se han sentido identificados con el personaje que Christopher representa en la ficción. Diego Bustamante es un joven actual que ama, sufre y vive las pasiones típicas de cualquier chaval de su edad, incluido el propio Christopher. «Diego es muy hijo de papá y nunca tiene que luchar por nada, todas las mujeres llegan a él —reprocha Christopher al chaval que interpreta en la ficción—. Siempre quiere que luchen por él, porque nunca va a hacer nada, es demasiado arrogante. Yo soy mucho más lanzado que Diego».[223] Con estas declaraciones Christopher deja claro que son muchas las cualidades que le diferencian de su personaje en *Rebelde*.

Un esfuerzo a veces inútil. Su vida estará marcada de por vida por el nombre de Diego.

La arrogancia de Diego Bustamante

Si existe un momento clave en su vida es la llegada de 2004. Con dieciocho años la suerte golpea su puerta. El personaje que marcará su existencia para siempre, irrumpe en su vida: Diego Bustamante. La serie *Rebelde* le incorporaba al reparto más exitoso de los últimos años de Televisa. Daría vida a un estudiante rico con ganas de ser músico que estudia en el colegio más caro de México: el Elite Way School.

Christopher pudo contemplar cómo su enorme tirón entre las fans hacía a su personaje uno de los más importantes de la serie. Su tormentoso romance con Roberta, su novia en la ficción, le ha hecho aparecer ante muchos como un chico malote que esconde en su interior un corazoncito muy sensible.

¿Se parecen mucho entre sí Diego y Christopher?

«Diego es un chico muy amigable y muy fiel con sus amigos. Nunca les miente y es muy sincero con ellos. Lo que menos me gusta es que a veces es un poco prepotente».[224]

Así es como veía el actor a su «otro yo», a Diego Bustamante.

Tras tomarse un tiempo para reflexionar sobre sus parecidos y deferencias, Christopher añade: «Diego es prepotente, sangrón y enojón —explicó Christopher para diferenciarse de Diego—. Yo más que enojón soy explosivo. Creo que además soy sencillo y un poco hiperactivo».[225]

Dicen los que le conocen que tiene un carácter nervioso y activo que le impide estar quieto. Afirman que es muy común verle mordisquearse las uñas cuando algo le preocupa o jugando constantemente con sus videojuegos. Un niño grande que arrastra muchas inseguridades pese a que su experiencia en RBD le ha hecho madurar a marchas forzadas.

«He madurado mucho como ser humano y de eso tengo que darle las gracias a mis compañeros porque he aprendido mucho de ellos».[226]

Crecer como actor y como buena persona son sus metas. Para ello intenta mantener los pies firmes en el suelo en un mundo lleno de falsedades y falsas amistades. Christopher se siente afortunado y cuenta a sus amigos entre lo mejor de lo vivido hasta ahora. «Yo creo que tanto Diego como yo tenemos muchos y muy buenos amigos —ha confesado recientemente recordando su trabajo en *Rebelde*—. Disfruté muchísimo las escenas con Christian y Jack. Me lo pasaba muy bien. Eran increíbles».[227]

Christopher recuerda las eternas jornadas de grabación de la serie *Rebelde* como algo muy divertido. Una experiencia que, ahora que ya han pasado los años, le produce cierta nostalgia.

Dulces recuerdos de una época en la que rodeado de amigos, Christopher se enfrentaba al reto de trabajar en la serie más comercial que se ha producido en México en los últimos años. Tremenda responsabilidad que exigía un duro trabajo. Las maratonianas jornadas comenzaban a las 8 de la mañana y terminaban casi siempre a las 9 de la noche como pronto.

Con madrugón o sin él, los «rebeldes» se planteaban el reto de hacer su trabajo con la mejor de las sonrisas. Dicen los que presenciaron las grabaciones que pese a las tensiones propias de este estresante trabajo, no se han vivido demasiados momentos de malos rollos entre los chicos y chicas de *Rebelde*. «Al convivir tanto tiempo con los demás "rebeldes", los malos entendidos y los pleitos han surgido, pero sólo de vez en cuando».[228]

Momentos de tensión e instantes de pasión. De todo ha vivido en esas grabaciones. No podemos olvidarnos de esos tórridos momentos en los que los hemos visto comerse a besos en más de una escena.

Uno de los momentos más tensos para los actores era el momento de representar sus escenas ante Pedro Damián, el director y padre de la idea. En una entrevista concedida a *Mun-*

do de Hoy, Christopher destacaba la importancia de trabajar con este importante productor.

«El éxito me lo imaginaba hasta cierto punto, pero no como estamos ahorita. Trabajar con Pedro Damián es una gran garantía, sólo hay que recordar lo que logró con su anterior telenovela, *Clase 406*».[229]

Pese a que la relación con el director era excelente, lejos de confiarse, Christopher se exigía a sí mismo una interpretación impecable día tras día. Para conseguirlo, el estudio previo de guiones es fundamental.

Era muy común poder ver a Christopher, al igual que al resto de compañeros, apurando los minutos previos, ensayando su texto ya fuera en maquillaje o cualquier otro lugar. Ucker respetaba mucho el trabajo de los guionistas de la serie, pero reconoce haber aportado algunas cosas de su propia cosecha.

«Al personaje de Diego yo le aporté cosas como llamar a la gente "mi rey" o "ídolo". Esas frases son mías y las repito todo el tiempo».[230]

En la serie, Diego, un seductor nato, enloquece a las compañeras del Elite Way School, pero su corazón rebelde parece marcado por una pelirroja que quita el sentido: Roberta. «Christopher es súper gracioso»,[231] ha comentado Dulce María, intérprete de Roberta en la exitosa serie. Un bombón para algunas. Para otras, un arrogante. Diego Bustamante tiene esa parte de malote que tanto gusta a algunas chicas e irrita a otras. Un tipo conflictivo que tras sus caprichos de niño rico esconde una tremenda inseguridad con las chicas.

«A diferencia de Diego, yo nunca he tenido problemas con las mujeres, gracias a Dios. Soy coqueto por naturaleza, pero no tanto como mi personaje».[232]

Pasión por Anahí

El guión quiso que fuera Roberta, la «rebelde» guerrera y cañera la que volviera loco a Christopher en el mundo de la ficción. Cupido, mucho más caprichoso, decidió que en la vida real fuera Anahí quien le enamorara.

Un romance que el guapo de RBD negó en sus inicios.

«No, no es mi novia. Sólo somos buenos amigos —respondió nervioso a los insistentes periodistas—. Es que de repente vamos todos juntos, pongamos que al cine y vamos caminando los cuatro, y de repente nos toman una foto; y nos cortan la foto cuando estamos Anahí y yo».[233] Así salía al paso de los primeros rumores que afirmaban que entre él y Anahí la cosa ardía, que entre ambos existía un romance en toda regla. Todos lo tenían claro, menos ellos. Al menos eso parecían querer dar a entender a los periodistas que les seguían los pasos.

«Nos conocemos desde hace seis años, desde *El diario de Daniela*, y somos muy buenos amigos... ¡Nada más! Pero la gente nos ve caminando por ahí solos y ya dicen que andamos...»,[234] continuó argumentando Christopher.

Pocos daban crédito a sus palabras y saltaban las primeras fotografías de los dos pillados en situaciones más o menos reveladoras.

Christopher, gran aficionado al fútbol, seguía echando «balones fuera». En esta ocasión ni el portero del América, su equipo favorito, podría parar el gol que se les avecinaba: unas imágenes de ambos en actitud de evidente romance que serían vistas por todo México.

«La quiero muchísimo, la respeto, pero nada más. Somos compañeros de trabajo»,[235] afirmó él.

«Cuando haya noticias yo les diré —dijo ella— pero no me inventen novios».[236] Ésa era su versión, pero negaban la evidencia. Cuentan que fueron algunos de sus compañeros los que, a espaldas de ellos, aseguraban que en los rodajes existía mucha pasión.

Todo esto ocurría en los primeros meses de grabación de la serie *Rebelde*. En ella, Anahí se comía a besos a Poncho en la ficción y Christopher hacía lo mismo con Dulce. Eso es lo que veían los fans de RBD en televisión. Otra historia intensa y muy distinta se «cocía» en los hornos de los estudios televisivos. Algunos afirman haberlos visto en una fiesta privada del culebrón dándose muchos cariñitos. Surgió el amor, un sentimiento que transporta al romántico «rebelde» al séptimo cielo. Christopher confesó hace algún tiempo la trasformación que sufre su carácter dicharachero cuando cupido llama a su puerta. Nervioso o no, fue él quien se acerco a Anahí. Ella, pese a su desconfianza inicial, terminó aceptando que su corazón se sentía irremediablemente atraído por el «rebelde».

Amigo de sorprender a las mujeres a las que ama, Christopher sigue una técnica que casi nunca le falla. A la hora de seducir a las chicas el ritual está claro: una buena colonia, mucha labia y... «una gran sorpresa. Algo que no se esperará, como aparecer en su casa con un ramo enorme de flores»,[237] ha confesado él mismo.

Las rosas rojas son sus preferidas a la hora de impresionar a sus amadas. Reconoce que «debe haber equilibrio entre lo físico y lo sentimental. Antes me gustaban más las chicas altas o con ojos azules, pero ahora ya no me fijo tanto en eso. Sólo pido que no se lo tengan muy creído».[238]

Preguntado en *Radio Show Piolín* sobre el lugar más extraño en el que había mantenido sexo, respondió: «En un bote. En el barco que me prestó Alejandro Fernández».[239]

El mar... Las olas meciendo la embarcación y Christopher abrazado a su misteriosa amada. Dicen que en el sexo opuesto sólo busca cariño, comprensión, tolerancia y algo de físico.

Preguntado en ese mismo programa por sus preferencias más íntimas, a la pregunta de qué prefería, beso, caricia o pasada de lengua, Christopher contestó: «Beso».[240]

Reconoce haber estado enamorado en pocas ocasiones. Una de ellas, de Anahí. Fue precisamente en compañía de ella y en el programa *Radio Show Piolín* que el deseado actor confesó llevar varios meses sin mantener relaciones sexuales con ninguna mujer. «Un año»,[241] respondió a la pregunta de cuándo había sido su último «revolcón». La respuesta dejó petrificado al auditorio, que no daba crédito a lo escuchado. Sólo Anahí rompió el silencio con una enorme carcajada.

«Ay, por favor —exclamó la rubia de RBD—. ¿A quién quieres engañar?».[242]

Christopher hacía estas declaraciones meses después de haber roto con su novia Anahí. Entre ambos parecía haber una excelente relación. Algo que no siempre había sido así. Las tensiones entre ambos después de su ruptura fueron tremendas. Se cuenta que las constantes salidas del guapo «rebelde» con sus amigos a locales de copas no sentaban nada bien a Anahí. En más de una ocasión se comentó que los fotógrafos o la prensa habían «pillado» a Christopher muy bien acompañado de otras chicas que no eran ella.

Christopher, recientemente ha manifestado su convicción de que es difícil mantener viva la pasión con una persona con la que trabajas todos los días y señala a la rutina como el motivo por el que se envenenó su amor. «Siento que el ver a una persona todos los días por tanto tiempo se puede volver algo aburrido porque ya no existe eso de quererle contar cómo te fue en el día y cosas así. Entre nosotros pasaron muchas cosas que sólo nosotros sabemos y así se quedará».[243]

Secretos de pareja que por el momento ambos guardan. No todo fue un cuento de hadas. Lamentablemente, los dos lo pasaron mal. Por esa razón decidieron finiquitar una relación que estaba sacando lo peor de ellos mismos. «Nunca vimos la posibilidad de una reconciliación. Cada quien ya tiene su vida hecha y así estamos muy bien, porque como ya te dije, nos respetamos mucho. Si ella encuentra a alguien yo no tengo ningún problema».[244] El romántico corazón de Christopher ponía el cartel de libre. En búsqueda constante del amor, pocas son las relaciones largas que se le han conocido.

«Me engañaron una vez de una manera que no quiero recordar. Ahora intento disfrutar de cada momento con una chica que necesito que llegue a mi vida... Una linda chica que me quiera y me entienda».[245]

¿Quién fue esa misteriosa mujer que destrozó el corazón de Christopher? ¿Volverá a enamorarse de nuevo de una joven sin miedo, con una entrega total y absoluta?

La pregunta que muchas chicas se hacen es qué tipo de personalidad esconde el corazón de Christopher.

¿Será él el único responsable de esos fracasos amorosos? ¿Por qué no consigue una relación más duradera con sus parejas? ¿Es un Casanova frío en busca constante de una nueva conquista o por el contrario es un sentimental de esos que envían flores el día de los enamorados?

Según manifiesta él mismo, lo suyo es puro romanticismo.

«Desde pequeñito —ha expresado recientemente— el día de San Valentín me ha parecido una fecha muy bonita y también muy divertida porque tienes que pensar en regalitos. A veces no saber de quién vas a recibirlos. Es muy emocionante, pero claro, tienes que tener con quién compartirlo».[246]

Christopher señala también que la chispa de un día tan emblemático para los enamorados, el morbo, está en no saber si alguien que tú no esperas puede sorprendente con una muestra de cariño. Apasionado de las sorpresas y los regalos inesperados, Christopher dice que nunca olvidará el obsequio más bonito que le han hecho en el día de los enamorados. «Aunque parezca increíble, la cosa más bonita que me han regalado en esta fecha es una carta, y no fue de amor, fue una carta de amistad que me escribió una amiga, maravillosa».[247]

Visto lo visto, no parece que Christopher sea de los que necesita grandes regalos para sentirse querido, al menos eso dice él.

Para todas aquellas candidatas que estén prendadas de los encantos del mexicano, aquí van algunas de las claves de cómo intentaría seducirte el chico de RBD. «Lo primero es sentir el flechazo —enumera Christopher—. Después ya me acerco sin miedo y le comienzo a hablar. Le pregunto su nombre y luego la invito a salir. En esto del ligue no debes dudar, hay que actuar rápido y con seguridad».[248]

Tras pedirte el teléfono, te invitaría a cenar. Sería una cena íntima, a la luz de la luna, junto al mar, con música romántica de Luis Miguel o de uno de sus ídolos... Probablemente te obsequiaría una rosa roja... Después llegará el momento de las tiernas caricias, los besos... «Esas caricias y abrazos se pueden transformar en algo mucho más distinto y especial»,[249] sentencia el guapísimo Christopher.

Desde su ruptura con Anahí, Christopher no ha vuelto a hacer pública una relación estable con ninguna chica. Esto no significa que no se le haya podido ver con guapas muchachas en distintas ocasiones. Una pareja a la que él presente como su novia no la hemos conocido.

Esclavo del amor

Un año y medio después, en febrero de 2007, se volvía a relacionar al RBD con una antigua «novia» que nunca se ha reconocido como tal: Belinda.

«Nos vimos, nos saludamos y nos abrazamos. Me lo pasé muy bien —afirmó Belinda a los periodistas que veían en el encuentro el inicio de una reconciliación entre ambos—. Christopher es un niño al que quiero y adoro. Le dejé de ver mucho tiempo y hace poco nos volvimos a ver».[250]

Los rumores de amor entre los guapos actores volvieron a saltar de nuevo por la publicación de unas fotos en las que se les veía dándose todo tipo de cuidados como si fueran dos «agapornis».

¿Se trataba de un romance secreto? ¿Simple amistad? ¿Es Belinda esa mujer sin la que Christopher es incapaz de vivir?

«Sólo fueron diez minutos —aclaró la actriz—. Nos lo pasamos muy bien».[251]

Como gran parte de sus compañeros en RBD, Christopher insistía en que no había tiempo para enamorarse y que su gran amor en esos momentos era la música y su trabajo como actor. Con esa misma postura ha llegado hasta la actualidad.

Cuesta creer que un joven tan carismático como él no tenga su media naranja esperándole en algún lugar. Sobre todo, si tenemos en cuenta que, en sus giras, siempre que puede sale a dar una vuelta por las ciudades que visita; incluso a tomarse alguna copa por las noches.

Las chicas de medio mundo sucumben a sus encantos tan pronto llega a un local.

«Mi técnica es ser yo mismo, ser sencillo, porque si llevas una pose luego te terminan dejando tirado»[252]

En el programa *American Idol*, al que acudió con su ex Anahí, le plantearon a la rubia si Ucker tenía tiempo para «ligar» con las fans. Él lo negó, pero minutos después no sabía dónde meterse ante la respuesta afirmativa de su compañera. La carcajada fue general. Y es que de nada le sirve a Christopher querer dar esa imagen de niño bueno y desvalido...

El RBD es un conquistador nato, un chico encantador del que es difícil no enamorarse.

«Más que enojón soy explosivo... Y un poco hiperactivo».[253]

Consciente de su fama de seductor, intenta dejar claro que también sufre, que no por ser un chico de éxito, guapo y famoso el amor te trata mejor. Tal vez la clave para sus miedos a tener una pareja y sus escasas relaciones duraderas en el tiempo puedan esconder una vieja herida sin cicatrizar.

Pese a su enorme afición a compartir su tiempo con bellas mujeres, Christopher disfruta mucho de sus momentos de soledad. Escasos momentos de retiro y aislamiento que *Latosa* y *Savanna*, sus dos perritas, han roto con sus juegos y ladridos reclamándole ese amor que tanto echan de menos en sus largas giras mundiales.

Con ellas tumbadas en su regazo y una buena ración de su helado favorito de chocolate y fresa, disfruta de su otra gran pasión: el cine. *Matrix*, *Náufrago*, *Hombres de honor* o *El diario de Noah*, son algunas de las películas que más le gustan.

Los Simpson, *South Park* o *Los Picapiedra* pueden hacerle reír a carcajadas durante horas.

Coqueto, se preocupa bastante por su aspecto... Dice que emplea 45 minutos en arreglarse, que cuando se ducha siempre comienza por enjabonarse el cabello y que cambia con frecuencia de perfume.[254]

En su oreja luce un pendiente, y como amuleto, lleva un collar. Precisamente con esos complementos, collares y pulseras, ha montado un negocio con sus amigos. Una empresa que ha causado furor en todo México y en el extranjero. Se trata de una joyería muy particular, muy similar a todos los abalorios que habitualmente adornan a los «rebeldes».

Señala el color negro como su favorito, aunque no es ese gusto el que determina la elección de su ropa interior. Si tienes la suerte de verle en calzoncillos, es muy probable que luzca unos de colores intensos como rojo o morado.

Éstas son sólo algunas de las confesiones más íntimas que Christopher ha hecho. Con ellas nos muestra una cara divertida y desinhibida como la de cualquier otro chico de su edad.

Rebosando sinceridad acudió al programa *Radio Show Piolín*, donde protagonizó la divertida entrevista que reproducimos a continuación.

En un ambiente de risas y bromas, Christopher se enfrentaba a un turno de preguntas rápidas con escaso tiempo para meditar las repuestas. Gracias a ello su sinceridad quedó manifiesta cuando respondió la pregunta a quemarropa:

—¿Qué es lo que has hecho a solas y te avergüenza?

—Leer revistas de mujeres.

—¿En dónde?

—En mi casa.

—¿En qué parte?

—En el baño.

—¿Agarras la revista con una mano o con las dos?

—Con las dos...[255]

Experto en el arte del doble sentido del lenguaje, logró arrancar las carcajadas de todos los presentes en el show radiofónico. Pese a lo comprometido de algunas de las preguntas, ha aprendido a lidiar y tener la palabra oportuna en todo momento por muy complicada que pueda ser la entrevista.

En otra ocasión se tuvo que enfrentar a la pregunta de qué había de cierto en el rumor de que dormía completamente desnudo y que se compraba pijamas sólo por salvar las apariencias. «No, duermo con unos pants, lo juro, lo juro».[256] Desinhibido y descarado, no parece asustarse ante las preguntas de los periodistas por descaradas que sean. Lejos ha quedado ya el niño que comenzó su carrera en *Rebelde* hace ya unos años. Sus fans ven en él a todo un hombre que quita el sueño. Ha madurado como actor, cantante y persona.

Rebelde ha sido una gran escuela profesional y personal. Un triunfo que no habría sido posible de no haber existido un público fiel que les ha demostrado día tras día su amor.

«Es realmente impresionante. Además de conocer otros países y culturas esto nos da la oportunidad de demostrar a otras personas lo que sabemos hacer. Por eso no quiero que pare, y que RBD dure mucho más tiempo con éxito, y me encantaría seguir creciendo dentro del grupo».[257]

Dentro de ese reconocimiento mundial ha sido fundamental el apoyo que el grupo ha recibido en tierras españolas. Los fans españoles han demostrado a Christopher y sus compañeros de RBD que les adoran.

«Ellos son un apoyo incondicional que no tolera que la tristeza o la soledad entren en nuestra vida. ¡Los queremos!».[258]

Christopher, que es un tipo muy realista, asume que el fenómeno de la «rebeldemanía» tarde o temprano acabará y para ese momento desearía tener su porvenir asegurado. «Desde que empecé a trabajar en la novela *Rebelde* he vivido una gran evolución. Estar en un proyecto como ése fue una gran emoción aunque después, a medida que aumentó el trabajo, llegó un momento en el que tuve que decir: ya no más. Ahora he vuelto a la estabilidad y tengo muchas ganas de seguir»,[259] argumenta Christopher.

Las visitas de RBD a España son cada vez más multitudinarias. Sus conciertos arrasan en ventas y concentran a miles de jóvenes que enloquecen con cada uno de sus temas, de sus movimientos...

Christopher es uno de los RBD más admirados por las chicas españolas.

En concierto: España

«Los mexicanos RBD hacen enloquecer a 16.000 adolescentes en Barcelona».[260] Así destacaba la prensa española el exitazo del concierto del grupo en Barcelona el 6 de enero de 2007. El Palau Sant Jordi rugió cuando los chicos de RBD saltaron al escenario. El aforo estaba completo. Lo mismo ocurriría al día siguiente en su actuación en Madrid.

Celestial arrasa en ventas y Christopher se siente orgulloso de los cuatro discos de platino conseguidos en España.

Dos por su trabajo *Rebelde* y otros dos por su segundo trabajo, *Nuestro amor*.

Su primera visita a España fue en septiembre de 2006. Legiones de fans les aguardaban en el aeropuerto y les dieron un recibimiento que jamás olvidarán. Un baño de masas y amor que alcanzó su máxima expresión en la multitudinaria fiesta del Chesterfield Café.

Allí les entregaron el doble disco de platino por haber vendido más de 160.000 copias de su CD *Rebelde*. Era la primera de sus citas con sus fans madrileños.

Casi cinco mil personas aguardaban al día siguiente en un centro comercial de la capital española. Algunas chicas les pidieron autógrafos plasmados directamente sobre la piel...[261]

Muñecos de peluche, pulseras, mensajes... Todo valía para regalárselo a sus idolatrados RBD. Tan grande era la expectación, que Christopher y sus compañeros tuvieron que abandonar el lugar en el interior de una ambulancia. ¡Tranquilos! No pasó nada grave, se trataba de una medida de seguridad para evitar sustos de última hora. En una entrevista concedida a *Mundo de Hoy*, Christopher comenta: «El éxito me lo imaginaba hasta cierto punto, pero no como estamos ahorita».[262]

Una semana pasaron los chicos de RBD promocionando su trabajo por todo el país. La visita incluyó su paso por distintos platós de programas de televisión. Sus fans criticaron la escasa atención que les prestó el programa *Dónde estás corazón* de Antena 3 Televisión.

Ajetreada agenda en la que apenas tuvieron tiempo para descansar y recuperar fuerzas en el Hotel Palace, uno de los más lujosos y remanso de paz en pleno centro de Madrid.

«Creo que la calidez humana que existe en la banda es lo que nos anima a no caer y a asimilar todo lo que vivimos».[263]

Agotados pero satisfechos del cariño de los españoles, Christopher, al igual que sus compañeros, acudió a uno de los musicales de mayor éxito del momento, *Hoy no me puedo levantar*, inspirado en el grupo Mecano, uno de los favoritos de RBD. Lo hicieron intentando pasar desapercibidos pero les resultó inútil. La «rebeldemanía» también arrasa en España. «De repente vas a un restaurante y la gente mira lo que estás comiendo o vas al cine y cuando estás viendo la parte más interesante te dicen que si le das un autógrafo —expone Christopher agradecido pero al mismo tiempo superado por la presión de la fama—. Cambias algunas cosas, pero siento que vale la pena».[264]

España es uno de los países donde más se les quiere a los chicos de RBD. Prueba de ello es que en ese mismo año 2006, Christopher y compañía volvían a visitar el país con su gira, actuando en Valladolid, Zaragoza, Madrid, Las Palmas, Tenerife, San Sebastián, Barcelona, Málaga, Jerez y Benidorm.

Su paso de un lado a otro de la geografía española ha estado marcado en todas sus visitas por un éxito tremendo. Algo que todos los miembros de RBD han disfrutado con gran intensidad, pero especialmente el más joven de ellos, Christopher.

Al parecer los fans españoles le hicieron a Christopher un regalo sorprendente que le causó gran ilusión: adquirieron una estrella con certificado de la NASA, que tiene su nombre en una constelación. Un regalo que, según su madre, le ha llenado de ilusión.[265]

Es su sangre escandinava mezclada con la bravura de la mexicana un cóctel que, según Pedro Damián el productor y creador de *Rebelde*, hace de Christopher un joven único. «Christopher es reservado, yo creo que es su genética de los países nórdicos lo que le puede dar esa mente fría; sin embargo, su corazón es fuego. El está en ese equilibro»,[266] reflexiona el productor de RBD.

Al ser el menor del grupo, algunos podrían pensar que es también el más irresponsable, el menos serio. Lejos de ser así, el productor del grupo manifiesta que «es un profesional en todo el sentido de la palabra, energético. En el escenario es increíble su energía. Es muy positivo en el pensamiento y es un chavo con muchos intereses en la vida, se preocupa por el aspecto social del mundo. Christopher demuestra una preocupación por asuntos sociales y un espíritu de lucha por enfrentarse a esos problemas, lo que unido a su carismática personalidad, le confieren una cualidad única. Christopher es un transformador. Con el tiempo y el crecimiento que va a tener será un tipo que transforme la sociedad».[267]

El tiempo determinará si las proféticas palabras del productor de RBD se cumplen y terminamos viendo al «rebelde» convertido en un importante líder de la sociedad mexicana.

Está acostumbrado a escuchar todo tipo de comentarios sobre él y el grupo RBD. Que si son sólo un producto, que si sus voces no son buenas...

Lo más sorprendente que le quedaba por oír lo escuchó en agosto de 2006. Una escalofriante noticia afirmaba que «las canciones de RBD contienen mensajes satánicos».[268] La noticia corría como la pólvora por todo el mundo. *El Universal de Chile* sorprendía a sus lectores con la noticia de que la vicepresidenta del club de fans en Chile afirmaba que en la canción *Rebelde* se oye «ven y abrázame, demonio»,[269] y en el tema *Sálvame* puede escucharse «el malo me lleva».[270]

Fue Christopher quien salió a enfrentarse con semejantes acusaciones en un conocido programa de radio alternativo donde le pusieron las grabaciones al revés sorprendiéndose bastante. Aun así, afirmó: «Eso de las ondas satánicas son puras jaladas, mamuchadas, fantasías».[271]

Si estas acusaciones que intentaban ligar a RBD con el más allá y el mundo satánico dejaron a más de un fan con la boca abierta, no fue menor el efecto de ver a su idolatrado Christopher arriesgando su vida arrojándose desde lo alto de un hotel.

Deportista y amante del riesgo, cortó la respiración a todos aquellos que aguardaban su salida de un conocido hotel en México.

Atado con un arnés y acompañado de un amigo, saltaba desde 100 metros de altura. Un salto al vacío que acabó con su cabeza rozando prácticamente el agua de la piscina y la posterior huida de su amigo aterrorizado. De ese modo se daba a conocer una afición hasta ese momento desconocida para muchos, el *puenting* o salto al vacío.[272]

Vértigo. Eso es lo que siente Christopher cada vez que se le plantea qué va a ser de su vida el día en el que RBD termine.

«Voy a seguir con RBD hasta que el público quiera. No me imagino el día en el que tengamos que vernos en la necesidad de sustituir a alguno de nosotros. Es como si cada uno de nosotros fuera un órgano del cuerpo humano, si uno falla...».[273]

Christopher ilustra RBD como un cuerpo humano con unos órganos dependientes los unos de los otros. Un perfecto engranaje que les hace trabajar al unísono y ayudarse en los momentos de necesidad. «Sabemos que tenemos un buen equipo, que entramos en un buen momento y que existe la mercadotecnia, pero coincido con mucha gente que me ha dicho que la clave del éxito ha sido nuestra sencillez y el tener en todo momento los pies bien puestos en la tierra».[274]

Con dosis de paciencia, comprensión y cariño, los chicos de RBD han ido superando todos los escollos que han surgido en su camino. No han sido pocos. Aún faltan otros muchos por llegar. «De repente hay veces que nos peleamos, pero es normal —ha confesado recientemente hablando del ambiente que se vive en RBD—. Luego siempre terminamos con un abrazo. Me caen muy bien todos».[275]

Pero todo lo que empieza tiene fin y Christopher lo sabe. Aunque le duela pensarlo, no hace planes para el triste momento del adiós.

El futuro... una gran incógnita. Un misterio que aún está por llegar. Christopher desearía vivir, cuando sus circunstancias se lo permitan, en Los Ángeles o en Suiza. Suponemos que ¡felizmente casado! «En este momento cuento con poco tiempo para mi vida privada y no podría dedicarle el necesario a mi pareja. Tal vez si ya conociera a alguien sería más fácil, pero no es así».[276]

En lo profesional, se ve continuando con su carrera como actor y cantante, pero se prepara también para poder emplearse como guionista de televisión. ¡Creatividad no le falta!

Tras su fachada de juerguista, aseguran que Christopher, nacido bajo el signo de Libra, es un tipo mucho más serio de lo que a priori pueda parecer. Su capacidad de lucha le ha convertido en uno de los más queridos por sus compañeros del grupo RBD.

Sabe que llegará esa chica que le hará feliz. Seguro que llegará. Seguirá buscándola donde sea, por cualquier parte del mundo...

Y como Diego, su personaje en *Rebelde*, aguardará a que un día, el menos pensado, llegue su Roberta.

Dulce María Espinoza Saviñón (Dulce María)

Roberta cambió por completo su existencia, le dio más fuerza y la convirtió en una mujer nueva, segura de sí misma.

Así es el otro yo de la «rebelde» pelirroja. Un nombre que se fundirá con el suyo de por vida, marcando su existencia mucho más allá de lo que ella se pueda imaginar. Roberta la ha convertido en un ídolo juvenil. Ha hecho de ella un referente para miles de adolescentes que sueñan, visten, cantan y se rebelan como ella. Ha sido también la responsable de su eterno peregrinar por el mundo, una dulce esclavitud a la fama que ha alejado a Dulce María de su familia y amigos y que ha podido ser responsable de alguna ruptura sentimental que tal vez aún atormenta el corazón del ídolo pelirrojo de RBD.

Dulce María Espinoza Saviñón vino al mundo el 6 de diciembre de 1985. Este año, según el horóscopo chino, marcará su vida con la prosperidad que sólo alcanzará a base de ser fuerte y trabajar duro. Dulce se ha convertido ya en todo un icono para millones de fans por todo el mundo. Chicas de todo el mundo imitan su descarada manera de vestir, de moverse, de comportarse con los hombres. Miles de chicos se retuercen ante su mirada pícara y descarada, sus curvas excitantes y esa manera de contonearse en el escenario.

Ella es sin duda la esencia del espíritu rebelde que sacude a todos sus seguidores. «Todo el mundo es un poco rebelde, pero lo más importante es tener una buena causa, es luchar por tus objetivos, romper las reglas cuando te dicen que no vas a poder hacer algo nunca... Pero hay que estar convencido de que todo se puede, aunque se tenga que luchar contra muchas cosas en la vida. Ser rebelde significa ser fuerte, luchar por lo que quieres e intentar hacerlo sin dañar a nadie, intentando ser justo contigo mismo y con los demás».[277]

Hace ya algunos años que sus padres descubrieron que nada ni nadie van a hacer que Dulce haga algo en contra de su voluntad. Se dieron cuenta apenas su querido bebé aprendió a caminar. Desde niña dejó bien patente que su destino estaba ligado a los escenarios y que no pararía hasta convertirse en la gran artista que es hoy. Así recuerda Dulce esos primeros pasos artísticos: «Mi amor por el medio artístico lo obtuve a través de mis hermanas mayores, ellas cantaban, actuaban... Y poco a poco me incitaron a seguir sus pasos».[278]

Marcada por el ejemplo de sus hermanas, a una edad muy temprana protagonizó su primer anuncio para la televisión mexicana. Con parte de lo ganado se dio un singular capricho: comprarse un cerdito de peluche. Quién sabe si abrazada a su nueva mascota se quedó dormida soñando con ver su rostro reflejado en otra campaña de publicidad y luego en otra...

Lo cierto es que tras aquella primera experiencia llegaron muchísimas más. Dulce ha sido la imagen en más de cien anuncios, algunos de ellos para importantes firmas dentro y fuera de México. «Si en verdad deseas algo, debes luchar —subraya Dulce con convicción—. La clave es no desesperarse, y mucho menos darse por vencido. No es fácil, y hay que prepararse. Se pueden alcanzar los sueños...».[279]

Como a Anahí, su compañera de RBD, la primera oportunidad de trabajar en televisión le llegó jovencísima. Tenía tan sólo ocho años cuando asomó su carita en el programa *Plaza Sésamo* dando vida a una descarada y simpática niña que vivía mil y una peripecias con su hermanito. Dos años después, en 1995, y con tan sólo diez años, empezaban a acumularse los contratos para series de televisión. Con *Retrato de familia*, más tarde con *Alondra* y luego con *El vuelo del águila*, perdió el miedo a ponerse ante las cámaras. Día tras día sorprendía a los adultos con los que trabajaba por su responsabilidad en las grabaciones. Una niña rodeada de adultos que aprendía la primera lección de la vida: «Todo tiene un precio —advierte la pelirroja de RBD—. Es verdad que no estamos con nuestras familias lo que quisiéramos, o con nuestros amigos».[280] La soledad, ése es para Dulce el precio de la fama.

Dul, la niña de once años, disfrutaba dando vida a los distintos personajes que interpretaba. *El club de Gaby* y el canal de cable Discovery Kids llegaron después. Pero puesta a soñar, a verse reflejada en alguien, eran Thalía o Paulina Rubio sus referentes más próximos.

Ser cantante era su sueño más fuerte. Y una vez más, su empeño y su suerte le dieron la oportunidad prematuramente. Con sólo once años, en 1996, se integra en el grupo infantil Kids. Por fin entraba en un estudio de grabación y se convertía en cantante. Lo hizo, haciendo honor a su primer éxito, con *La mejor de sus sonrisas*. Acababa de dar los primeros pasos de su gran pasión: la música. «No se rindan ante las dificultades —nos aconseja Dulce—. Esta vida es de los valientes y de los que salen adelante y eso no quiere decir que no caigamos, sino que te puedes levantar aunque te caigas. Lucha por tus objetivos y sigue siendo rebelde contra todo».[281]

Tres años después, con catorce años, se llevó un disgusto enorme cuando le comunicaron que Kids se disolvía. Se había creado con unos niños pero ahora ya eran unos adolescentes y el espíritu de Kids se había perdido. Aun así se intentó que, de algún modo, el trabajo de los años anteriores no se perdiera del todo. Junto a otro componente del grupo, Daniel Habif, crearon un dúo. Pareja musical y pareja en el corazón. Daniel fue su primer amor. Se llamaban D&D, y pese a que grabaron cinco temas, las canciones se quedaron guardadas en el cajón de algún productor y nunca vieron la luz. Aparentemente, su carrera como cantante había terminado.

Caminos separados y para Dulce un nuevo reto, volver a comenzar otra vez. Gracias a Dios, no se dio por vencida.

La música vuelve a llamar a la puerta de Dulce poco tiempo después. El grupo Jeans sufre una baja en sus filas con la marcha de Angie, uno de los pilares de la banda. Eso da a Dulce una nueva oportunidad de demostrar que es una gran cantante. Junto a Paty, Karle y Regina, sacan al mercado *Cuatro para las cuatro*. Intentan abrirse un hueco con sus dos primeros temas *Entre azul y buenas noches* y *Corazón confidente*.

El éxito musical vuelve a mostrarse escurridizo y no le da la proyección soñada. Dulce no tira la toalla.

«Hay que luchar para salir adelante y conseguir cosas en la vida. Eso es ser rebelde —expresa con rotundidad ante la pregunta de dónde está la clave de su éxito—. Lo importante para ser rebelde es tener una causa, tener unos objetivos, romper la reglas y rebelarte contra aquellos que te dicen: "no vas a poder hacer esto nunca"».[282]

Que nadie piense que el espíritu rebelde de Dulce se basa en una falta de respeto o amor hacia sus padres: les adora. Quiere ser ella quien dirija su vida aunque al hacerlo en determinados momentos sus decisiones no sean aprobadas por los suyos.

«Todo el mundo tenemos algo de rebelde. Cuando me puse el *piercing* en la nariz, obviamente para mí fue algo muy importante. Yo me desperté un día y dije: quiero cambiar, quiero tener algo nuevo hoy, quiero romper con algo, con lo establecido. En mi casa me iban a matar».[283]

Fue ese espíritu de ser ella quien decida el rumbo de sus pasos lo que la movió a ponerse un *piercing* sin que sus padres lo supieran. «No era el arete en sí mismo, sino el hecho de rebelarme contra lo establecido. Me fui a la escuela y saliendo de ella me fui a hacer el *piercing* y obviamente llegué y mi familia me regañó. Especialmente mi papá. Pero poco a poco lo fueron aceptando. Evidentemente, era rebelarme contra algo».[284]

Es en el año 2002 cuando la vida le tiene reservado el mayor golpe de suerte. Llega a su vida de la mano Pedro Damián, un importante productor de televisión. Pedro Damián, casi su «ángel de la guarda», busca para su nueva producción una chica descarada, guapa y fresca que dé vida a Marcela, una de las protagonistas de su nueva serie *Clase 406* en calidad de protagonista. Dulce no se lo puede creer. Su nombre escrito en «letras de oro» en una de las series de Televisa.

«En *Clase 406* yo hacía el papel de Marcelita, una niña que era buena. Buena... como el pan. No hablaba. A todo decía sí, claro que sí, y si no tenía un novio, no tenía vida. Era el polo opuesto a Roberta, mi personaje en *Rebelde*».[285]

Poncho cambió su vida

En esta novela comparte créditos con Aarón Díaz y con otro chico moreno y guapísimo que la mira con unos ojazos que le hacen perder el control.

Se llama Alfonso Herrera, Poncho en RBD. En poco tiempo se enamoran como dos locos y comienza el romance más apasionado que ambos podían imaginar. Dulce tenía cerca de dieciocho años y Poncho veinte. El guapísimo mexicano reunía muchas de las cualidades que Dul siempre ha buscado en un hombre: sinceridad, romanticismo... todo un caballero... y unos ojazos que te hacen temblar las piernas.

Pero lo suyo fue algo más que una simple atracción física, se trataba de amor. «Yo pienso mucho en el amor, es lo que más quiero —ha confesado Dulce—. Ha habido momentos de mi vida en los que he estado muy cerrada, en los que no he querido entregarme. Aunque lo cierto es que he vivido un poco de todo, también he tenido mis momentos de entrega total».[286]

¿Sería su noviazgo con Poncho uno de esos momentos a los que Dulce se refiere como de entrega total? Seguro que sí. Ambos reconocen lo mucho que ha marcado sus vidas ese intenso y tortuoso noviazgo.

Estallaba así, en medio de la grabación de *Clase 406*. La pasión arrastró a Dulce y Poncho y los transportó al séptimo cielo. Se derretían con sus miradas, con sus besos, con sus abrazos. Fue Poncho quien tomó la iniciativa y le arrancó a Dul su primer beso. Luego se intercambiaron los teléfonos. Empezaba una preciosa historia de amor que en breve empezaría a evidenciar dificultades. No es fácil compartir amor y trabajo...

«Se necesita ser muy profesional porque tienes que separar el trabajo de lo sentimental»,[287] confesó la chica de RBD en un programa de televisión.

Dulce reconocía de este modo cómo el trabajo empezó a evidenciar que el cuento de hadas podía acabar en un final infeliz. Las duras jornadas de trabajo, las tensiones del rodaje y sus diferencias de carácter, minaban lenta e inexorablemente su amor.

En 2004, siendo aún novios, recibieron otra oferta que cambiaría definitivamente sus vidas. Pedro Damián, el «rey Midas» de las telenovelas mexicanas, les ofrecía entonces un nuevo reto, una nueva propuesta de trabajo: *Rebelde*. Juntos aceptan el reto y acuden al *casting*.

Allí coinciden con dos compañeros de reparto de la anterior serie.

«Poncho, Christian, Anahí y yo habíamos estado en la novela *Clase 406* con Pedro Damián y de ahí hubo una prueba donde nos dijeron que teníamos que cantar, bailar y actuar porque íbamos a hacer un grupo junto con la telenovela, pero jamás nos imaginamos que iba a saltar y que iba a llegar a donde ha llegado»,[288] recuerda ilusionada Dulce.

No es de extrañar, ya que esa propuesta laboral daría un giro de 180 grados a su vida.

Así llega Roberta a la vida de Dulce. Una joven descarada, impulsiva, que no se para ante nada ni nadie. Así es Roberta, su otro yo en el Elite Way School. Una estudiante apasionada que pronto encandiló a la actriz.

«Me encanta mi personaje, nunca había hecho nada parecido. Roberta es opuesta a como soy yo. Hace todo lo que le da la gana pero sin dejar de tener buenos sentimientos y cree en la justicia, aunque no se limita para nada».[289]

Ante ella surgía el reto de dar vida a una joven descarada y sensible. Todo un desafío en lo artístico y en lo personal.

«Me tuve que atrever con el *puenting*, con el *body painting*... He hecho muchas cosas que yo no haría y Roberta sí».[290]

Su personaje en *Rebelde* es el de una adolescente que comparte complicidad y amistad con Lupita y Luján, sus dos mejores amigas en la escuela. En todo aquello que se «cuece» en el centro están ellas metidas. El empuje de Luján, la ternura de Lupita y el carácter de Roberta las convierte en dinamita y al mismo tiempo en amigas perfectas. «En ese caso, yo soy igual que Roberta. La verdad es que tengo pocas amigas, pero sé que puedo confiar plenamente en ellas y que van a estar a mi lado para todo».[291]

Tras dos años de intenso trabajo, la serie finalizó con un enorme éxito en las pantallas de muchos países del mundo. Gracias a ello, Dulce se ha dado a conocer en lugares tan distantes de su México natal como Japón, Honduras, Venezuela o Chile. Pese al paso de los años, Dulce sigue añorando y recordando una época que no volverá y que estará presente siempre en su recuerdo. «Echo de menos a Roberta. Siento que conseguía renovar mi personaje en cada capítulo de *Rebelde*. De hecho, pude interiorizar sus emociones y exponerlo en la pantalla».[292]

Unida de por vida a Roberta, pasarán los años y Dulce, al mirar atrás, recordará a esa chica del Elite Way School que tanto aportó a su existencia. «A Roberta, yo la veía como una chica desinhibida, justa y noble. Lo da todo por sus amigos. Lo daba todo por ellos».[293]

Poniéndose en la piel rebelde de su personaje, Dulce fue empapándose, impregnándose de una cualidad que iba a necesitar en grandes dosis para los acontecimientos personales que se avecinaban: «Me gusta de Roberta que es muy decidida».[294]

Esa cualidad, la de tomar decisiones sin que le temblara el pulso, era lo que le faltaba en esos momentos a la indecisa Dulce. Decidida y resuelta en la ficción de *Rebelde*, en la vida real estaba sufriendo mucho en el amor y no sabía cómo salir del enorme conflicto sentimental en el que estaba inmersa. Su relación con Poncho hacía aguas por todos lados. Se querían, pero no se soportaban. Se amaban, pero no se toleraban. La comunicación entre ambos era cada vez peor y las discusiones eran frecuentes.

Terribles enfados a los que sucedían ardientes reconciliaciones.

Un desgaste emocional que llevaba a la pareja a un callejón sin salida...

Un conflicto cada vez más complicado de solucionar.

Las tensiones empezaban a traspasar el círculo de lo privado y trascendían más allá llevándoles a ser objeto de miradas y comentarios críticos de algunos compañeros de trabajo. Siendo los dos tan guapos, muchos podrían pensar que los motivos de esas discusiones fueran los celos, o incluso, las infidelidades.

Poncho asegura que sólo tenía ojos para Dulce y que jamás mantuvo relaciones con otra mujer durante su noviazgo. Ella, cuando se le pregunta sobre ese complicado momento de la pareja, opta por no dar explicaciones sobre el momento en el que descubrió que ya no podía seguir compartiendo su vida con Poncho.

«Decidimos terminar porque era lo más sano —explica Poncho—. Estábamos sufriendo».[295]

¿Qué fue lo que ocurrió para que Dulce decidiera alejarse de uno de los hombres más guapos y deseados del elenco de *Rebelde*?

¿Qué pudo hacer que Poncho dejara de amar a la sexy «rebelde»?

Él no quiere hablar del tema. Demasiadas incógnitas que ninguna de las partes quiere desvelar. La única verdad conocida es que lo suyo acabó definitivamente.

Los rumores de una nueva oportunidad entre Dulce y Alfonso surgieron al poco tiempo. No sabemos si por deseo de los fans que creían ver amor donde sólo había trabajo o porque donde hubo fuego siempre quedan rescoldos.

En febrero de 2005 se anunciaba el reencuentro de la pareja: «Los actores de la telenovela *Rebelde*, Dulce y Alfonso, no han reiniciado su noviazgo aunque tampoco descartan el regresar»,[296] titulaba un importante rotativo.

Los rumores del reencuentro entre ambos eran tan fuertes que ellos mismos salieron al paso para aclarar la situación. «Somos amigos. Nos estamos viendo, como que nos volvimos a juntar después de muchísimo tiempo y andamos viendo qué onda. Estamos en una nueva etapa. Si se da, qué bueno, pero si no, seguiremos siendo amigos»,[297] explicó Dulce.

Por su parte, Poncho añadió: «No, no tengo ningún tipo de noviazgo. No hay romance. Sí hay una amistad y nos estamos viendo porque ya tuvimos un romance, y hay que ver qué probabilidades hay para regresar».[298] Ni sí, ni no, sino todo lo contrario. Ése fue el confuso mensaje enviado por ambos a los periodistas.

¿Estarían dándose una segunda oportunidad? El paso del tiempo sería quien aclararía esa duda que asaltaba los pensamientos de miles de fans.

La parte más dura de su separación fue el tener que continuar viéndose día tras día en los estudios de grabación. Una vez más Dulce y Roberta, persona y personaje, se entremezclaban hasta puntos insospechados. Durante más de un año Poncho y Dul trabajaron juntos sin dirigirse la palabra. Sus compañeros fueron testigos de esos malos rollos. Especialmente Anahí.

Anahí y Dulce: ¿enemigas?

La súper pija Mía Colucci se convirtió en determinados momentos en paño de lágrimas de la pelirroja, mediando para que la tensión entre los dos ex no diera al traste con el buen rollo necesario para el trabajo en RBD, en conciertos y grabaciones de la serie.

Así define Anahí su relación con Dul: «Dulce y yo, a pesar de ser tan diferentes, siempre hemos dicho que tenemos ese equilibrio y por eso nos queremos tanto, por eso somos tan amigas».[299]

Dos buenas amigas que se comprenden y se respetan. Sus caracteres son tan distintos en la vida real como en la ficción. Dos mundos separan a la descarada Roberta de la superficial Mía.

Un enorme mundo de diferencias que también hace diferentes a Anahí y Dulce en la vida real.

«Anahí es opuesta a mí pero nos llevamos muy bien. La verdad es que tengo pocas amigas, pero sé que puedo confiar plenamente en ellas y que van a estar a mi lado para todo».[300]

Una relación de mutuo respeto que en determinados momentos ha pasado por más de un enfado. Preguntada la rubia por su mayor pelea con Dulce, recordó un enfrentamiento entre ambas en Brasil, durante su gira con RBD.

«El único pleito que hemos tenido fue precisamente ahora en Brasil donde hemos tenido una carga de trabajo un poco fuerte —ha confesado Dulce—. Estábamos un poco estresadas y de pronto una empezó a decir algo y la otra a dar su opinión totalmente diferente y gritamos, gritamos y gritamos, y no nos hablamos durante dos días».[301]

Imaginarse a las dos «rebeldes» frente a frente casi da miedo. Sólo basta recordar los momentos de mal rollo entre Mía y Roberta en la serie para poder transportarse a ese enfado en la vida real. Imaginaos las caras que se les quedaron a sus colegas de grupo al verlas discutir en Brasil. La tensión entre ambas se podía cortar con un cuchillo. Menos mal que finalmente Anahí se decidió a dar el primer paso entregando a su amiga una carta en la que recordaba que su amistad estaba por encima de cualquier diferencia profesional. «La cosa se puso fea —confiesa Dulce—. Entonces Ani me dio una cartita, salimos a cenar y de repente me dijo que si podíamos platicar y ya».[302]

Así zanjaron las dos amigas su momento de tensión. Al menos en su vida real. En la ficción es otra cosa. En *Rebelde* las hemos visto enfrentadas en muchas ocasiones.

Dos jóvenes completamente distintas que marcan tendencia en todo el mundo. Gracias a ellas y al resto de los actores, *Rebelde* se convirtió en la serie de moda en México, en toda América y en parte de Europa (incluida España).

Miles de chicos y chicas idolatran a Roberta, la chica descarada y segura de sí misma que para Dulce sólo tiene un defecto: «Roberta siempre está a la defensiva. El hecho de no tener una imagen paterna la hace estar siempre así con los hombres. Sin embargo, siempre está deseando encontrar a alguien. Le cuesta mucho abrir su corazón porque tiene miedo a que la lastimen».[303]

Tristezas de amor

Miedo a sufrir en el amor. Ése es el temor de Roberta. También el de Dulce, una niña grande que sigue abrazando sus muñecos de peluche y coleccionando las hadas que en su infancia le hacían volar a mundos de fantasía. Como una niña grande, la pelirroja «rebelde» sigue esperando que ese príncipe azul llegue a su vida y la lleve a vivir una historia de amor sin fin.

Superada su ruptura con Poncho, un nuevo hombre llegó a su vida. Se trató del futbolista Memo Ochoa. El guapísimo portero del equipo América comenzó a alegrar los días y las noches de Dulce.

El año 2005 se acercaba a su fin y el amor medió entre los dos jóvenes que por entonces tenían veinte años. La pareja era casi perfecta: guapos, famosos y tocados por el éxito. Guillermo Ochoa, más conocido como *Memo*, encandiló con sus ricitos el corazón de la «rebelde». El esbelto deportista, deseado por muchas jovencitas mexicanas, hacía palpitar con fuerza su apasionado corazón. Pero ¿sería el musculoso deportista el perfil de hombre atento, romántico y sincero que Dulce buscaba?

Comenzaba para ella una aventura que solo duró unos meses y que hizo a Dulce familiarizarse con el mundo del fútbol, convirtiéndose en algunos momentos en presa de la prensa deportiva mexicana.

Era el año 2006 y se celebraba el Mundial de Fútbol de Alemania. México acudía a este importante reto deportivo con Memo como tercer portero de la selección. Así recibía la noticia Dulce por entonces aún enamorada.

«Me da mucho gusto. Creo que se lo merece, las cosas pasan por algo y pues que le vaya muy bien».[304]

El trabajo otra vez se interponía en su vida. Él, un cotizado deportista en viaje permanente. Ella, una «rebelde» que debía compaginar sus actuaciones y grabaciones...

¿Acudiría Dulce a los estadios alemanes para animar a su chico?

«No podré ir al torneo de Alemania por causa de nuestros compromisos con RBD, pero le apoyaré en todo momento desde lejos».[305] Pero su relación no llegó hasta esa fecha. Dulce no vio al equipo mexicano caer frente a Alemania por cuarta vez consecutiva en un mundial de fútbol. La selección tropezaba otra vez con la misma piedra. Lo mismo le ocurría a Dulce. Una vez más tenía que admitir un fracaso en el amor. La «rebelde» se vio obligada a sacarle tarjeta roja a su novio.

Con el titular «Truenan Dulce María y Memo Ochoa»[306] se anunciaba la ruptura de la pareja. Era el 17 de mayo de 2006. Habían transcurrido unos siete meses de amor y aquello se había ido al traste. El motivo de la separación era una supuesta infidelidad del guardameta. Unas comprometidas fotografías del portero de la selección mexicana muy acaramelado y cariñoso en brazos de otra chica habían puesto de los nervios a Dulce. No estaba dispuesta a convertirse en víctima de comentarios jocosos por aguantar los engaños de su chico.

Llovía sobre mojado. Los rumores de que el guapo Memo engañaba a la «rebelde» con otras mujeres venían de lejos y resonaban con mucha fuerza. En todos los medios periodísticos se insistía en la existencia de unas fotografías muy calientes del portero del América que podían estar guardadas en el cajón de una importante agencia de comunicación. El asunto afectó a Dulce, quien tuvo que aguantar las preguntas indiscretas de los periodistas de sociedad. Finalmente, las polémicas instantáneas vieron la luz en un revista mexicana en la que se daba por hecho que la pareja ya había roto. La cosa sentó tan mal a la impulsiva Dulce que no dudó ni un instante en dar por rota la relación. Cuentan en algunos medios que los deslices del futbolista eran constantes. La cantante terminó tan cansada de esta relación, que tras dar carpetazo a su amor, ahora no quiere ni oír hablar del guardameta.

«Te pido por favor, que ya ni siquiera lo menciones en mis entrevistas, no quiero saber nada de fútbol, ni de balones, ni de su nombre... —exigió la RBD a un periodista que le preguntaba sobre la posibilidad de que ella perdonase al guardameta—. Es más, no me acuerdo ni me importa siquiera cómo se llama».[307] Lejos de despejar las dudas de la prensa sobre los motivos de su separación, guardó silencio.

Un lío de versiones circulaba en las redacciones, sobre todo teniendo en cuenta que días antes ambos negaron estar en crisis. «La actriz que dice sentirse tranquila cree que no es tiempo de tener nuevo galán y que necesita ponerse atención más que cualquier otra cosa; asegura que habrá tiempo para el amor y para tener una pareja bonita y estable»,[308] afirmaba un rotativo mexicano.

Se terminaba así la tercera historia de amor de Dulce. Absorta en su trabajo anunciaba en ese mismo rotativo que a partir de ese momento su única preocupación se centraría en la grabación de *Rebelde*, que «saldrá al aire en octubre y va a ser algo muy diferente también para chavos. Estamos seguros de que les va a gustar»,[309] anunció orgullosa la actriz. Ésta sería una predicción casi profética. El éxito que aguardaba a la serie en esa próxima temporada resulto ser brutal.

Vuelta a los platós y adiós al fútbol y al amor. De vuelta a RBD. Allí estaban Christopher, Anahí, Maite, Christian... y Poncho, el que fuera su novio tiempo atrás.

¿Y cómo le afectó a Alfonso ver a su ex Dul en brazos del portero del América?

En una entrevista con Don Francisco, el gran comunicador chileno, Poncho respondió a la pregunta de si le había dolido mucho ver a su chica con el futbolista. «Siempre ha habido mucho respeto y en esa cuestión yo respeté esa situación —aclaró Poncho—. A mis cinco compañeros los respeto sea cual sea su decisión, y es su vida».[310]

Lejos de dejarse convencer con una respuesta políticamente correcta, el presentador, un hombre maduro y con experiencia, cuestionó la sinceridad de Poncho a la hora de dar esa respuesta.

El periodista, argumentando los muchos años de trabajo y su propia experiencia sentimental, afirmó no creer las evasivas de Poncho y Dulce negándose a admitir que aún quedaba mucho amor entre ambos.

Finalmente, Poncho bajó la guardia y admitió: «Claro, sí nos queremos».[311]

¿Se querían tanto como para darse una nueva oportunidad? ¿Eran sus muestras de afecto en los conciertos y actuaciones evidencia de una gran amistad o escondían algo más?

Dulce ha experimentado ya en varias ocasiones lo duro que resulta a veces superar una ruptura. Acabar una relación resulta siempre traumático independientemente de quién sea el que tome la decisión. Dul sabe de sobra lo difícil que resulta vivir la soledad tras haber compartido todo con alguien.

Sola y sin amor. Difícil reto para cualquiera pero mucho más para alguien como Dulce que reconoce abiertamente su miedo a la soledad. Un sentimiento que de no dominarse puede arrastrar a quien lo sufre a una angustia con graves secuelas en los sentimientos.

Dul decidió salir del pozo que una ruptura deja en el corazón de quienes la sufren. Dicen los psicólogos que tras una separación un dolor inexplicable inunda el corazón de los antes enamorados, una tristeza y desasosiego del que en muchas ocasiones cuesta mucho salir.

«Ambos asimilamos que lo mejor era separarnos y continuar como amigos».[312]

Mantener una actitud positiva es fundamental para superar una ruptura traumática. Dul lo hizo. Positiva, se dio cuenta de que el tiempo lo cura todo.

Lejos de atormentarse con dudas y atormentarse a sí misma, decidió salir del pozo en el que estaba metida. «Solterita me veo más bonita»,[313] comentó alegremente tras terminar su historia con el futbolista. Tampoco se mortificó con ideas como «si hubiera hecho esto...». Culparse no conduce a nada.

Dulce contó con el apoyo de sus familiares y, por supuesto, de sus compañeros de RBD.

Unidos como una piña. Así están los chicos de RBD. No significa que estuvieran todo el tiempo pegados a Dulce para hacerla olvidar sus fracasos amorosos. Dicen los expertos en asuntos del corazón que cuando el amor se acaba es un buen momento para dedicarse tiempo a uno mismo.

Eso fue lo que hizo Dulce, aprovechar para hacer lo que más le gusta: escribir.

Hasta que esos trabajos vean definitivamente la luz, su esfuerzo ya ha tenido buenos resultados. Las horas que Dulcé pasó escribiendo encerrada en su cuarto le sirvieron para conocerse mucho más y mejor en un momento de soledad. En lugar de ponerse a salir de fiesta como una loca o encerrarse en su casa a llorar, superó la ruptura comportándose con normalidad.

Lo hizo. Y acertó de lleno. Según los psicólogos lo peor que se puede hacer después de romper con alguien es salir a buscar un sustituto desesperadamente. En el momento de publicarse este libro Dulce confiesa estar sola y feliz.

«Actualmente no estoy con nadie. Para mí es importante el amor, pero en este momento debo ponerle cien por cien a mi trabajo, mi familia, amigos y a todas las personas en mi vida que valen la pena».[314]

En concierto: Panamá, Costa Rica y Perú

Panamá, un país en el que Dulce es idolatrada por los fans de RBD. Aún resuenan en su cabeza los ecos de los gritos de «otra», «otra», «otra», lanzados por sus seguidores en el Figali Convention Center. Fue allí donde miles de jóvenes enloquecieron en uno de los conciertos más multitudinarios del país centroamericano.

Más de cinco mil fans hicieron que Dulce y sus compañeros se emocionaran al ver el gran amor que los panameños les profesaban.

Como una sola voz, en una comunión perfecta entre público y artistas, entonaron durante casi dos horas los temas de RBD.

Muchas de las chicas que acudieron lo hicieron vestidas como si de miles de «Robertas» se tratase: minifaldas, camisas, corbatas, medias de red y botas. «Es verdad, los fans ya se han convertido en una parte de nosotros, ya que gracias a su apoyo la telenovela funcionó... Incluso a veces parece que nos conocen más que nuestra familia porque saben todo de nosotros —confesó emocionada Dulce—. El cariño que nos dan tiene un gran valor, y les tenemos que corresponder ofreciéndoles nuestro mejor trabajo. ¡Ellos son lo más importante de RBD!».[315]

En Panamá RBD se encontró con un público entregado que vibró cuando los chicos de RBD entonaron *Rebelde* en medio de un escenario en el que se sucedían imágenes de Jesucristo, el Dalai Lama, Ghandi o el papa Juan Pablo II.

Un espectáculo aclamado por unos y criticados por otros. Precisamente estando en Panamá, Dulce contestó a corazón abierto a un medio local que le preguntó sobre la opinión que le merecía el que algunos definieran a RBD como «un poco ridículos».

«Somos tranquilos. Lo único que aquí hay gente que porque sales a la calle te odian por existir, diciendo que somos ridículos y se hacen un juicio sobre ti que no es verdad. Un buen día te adoran y otro día hablan mal de ti —se lamentó Dulce—. Sólo le damos gracias por su tiempo y su cariño porque sin ustedes no somos nada y esperamos volver pronto a Panamá y tener más tiempo para recorrer lugares en su país y agradecerles su apoyo».[316]

Días antes, el 11 de marzo, habían sido los fans de Costa Rica, concretamente los de San José, los que enloquecieron con RBD. En ese concierto las entradas se agotaron prácticamente al ponerse a la venta. El Estadio Ricardo Saprissa vibró en el momento en el que Dulce y el resto de RBD saltaron al escenario en medio de la oscuridad, con gran espectáculo de fuegos artificiales y humo. «Pura vida», gritó Dulce ante el delirio general.

Una frase costarricense que puso «a cien» a 15.000 fans congregados que no pararon de cantar sus temas *Solo quédate en silencio*, *Sálvame*, *Una canción* o *Liso sensual*.[317]

Dentro, en los camerinos, se daban cita muchos seguidores intentando conseguir una foto o un recuerdo de ellos. Cuentan que esos camerinos esconden anécdotas muy curiosas, como por ejemplo que entre las exigencias de los chicos de RBD están las siguientes: un espejo de cuerpo entero y uno de cara, toallas medianas, agua, refrescos de cola, alimentos variados y de dieta, cacahuetes, jamón, queso, fruta, galletas, café, té... y también walkie-talkies y teléfonos con línea internacional ¡por si hay que llamar a la familia!

Lo que pueden parecer excentricidades para algunos, para ellos son simples necesidades.[318]

«En este trabajo no todo es miel —aclara Dulce para todos aquellos que piensen que RBD son sólo una pandilla de seis jovencitos caprichosos y consentidos—. Todo tiene un precio y hay que sacrificar muchas cosas como el no estar con la familia, los amigos, no salir de viaje con ellos, incluso no tener tiempo para uno mismo».[319]

Ésos son para Dulce algunos de los lados amargos de la fama. Lejos de ser un cuento de Walt Disney, la vida de un cantante de RBD tiene momentos muy amargos que desde el otro lado del escenario muy pocos pueden intuir. Afortunadamente, el cariño de sus fans en Costa Rica mitigaron por completo la soledad de la artista.

«La recompensa a todo son las muestras de cariño que tienen hacia mí y sobre todo la energía que me transmiten cuando estoy en el escenario».[320] Muestras de cariño que se reproducen donde quiera que vayan Dulce y el resto de RBD.

Su vida, en determinados momentos, transcurre en el interior de un aeropuerto, uno de los lugares donde peor lo pasa. Tiene pánico a los aviones. Ella misma ha confesado que ella y Christian se ponen de los nervios cada vez que van a despegar.

Aeropuerto tras aeropuerto, país tras país, les aguarda el público entregado y la admiración de todos, incluidos los periodistas.

Fue precisamente en su primera visita a Perú al cierre de su Tour 2006 cuando Dulce vivió un momento de auténtico sonrojo. Un reportero de *Cuarto Poder*, un conocido programa de televisión, le empezó a lanzar piropos.

«¿Tú sabes que a los peruanos nos gustan mucho las chicas así como tú? —confesó el periodista a la sorprendida Dulce—. Chicas de ojitos expresivos, cachetoncitas»,[321] añadió refiriéndose a los carrillos o mofletes de ella.

Dulce se sonrojó y como pudo intentó salir al paso ante las carcajadas de sus compañeros que eran conscientes del apuro que estaba pasando.

«Ahhh, que bueno»,[322] bromeó Dul.

Lejos de darse por vencido el periodista insistió en lanzarle piropos a la apurada Dulce. «Yo creo que no te vamos a dejar salir del Perú»,[323] recalcó el periodista.

«Ahh, pues... ¡me quedo!»,[324] añadió Dulce ante el «entregado» reportero.

Toda una declaración de amor a Perú que festejó su compañero Christian, quien entre risas la nombró «la reina de Machu Pichu».[325]

Llena eres de gracia

Que Dulce vuelve locos a los hombres es algo innegable. Prueba de ello es la constante insistencia de las revistas de hombres interesadas en publicar portadas de la «rebelde» como reclamo que dispare sus ventas. Éste es el caso de la revista mexicana *H Hombre*, que en una de sus ediciones más vendidas mostró a Dulce cabalgando sobre una moto y luciendo sus curvas cubiertas tan sólo por un minúsculo top negro y un escueto pantalón corto vaquero. El titular, «Dulce María llena eres de gracia»,[326] anunciaba sugerentes declaraciones en el interior. La actriz quiso aclarar que «posar en esta revista no se convertirá en una costumbre. Es un placer que a veces se puede dar, mientras mis seguidores compren las revistas».[327]

El director de *H Hombre*, Alfredo Cedillo, acompañó orgulloso a Dulce a la presentación de la revista en una multitudinaria firma de ejemplares que reunió a más de un millar de personas en una conocida plaza comercial de la capital mexicana.

Dulce, sorprendida por el enorme apoyo de sus seguidores que compraron la revista por miles, quiso dejar patente su satisfacción.

«Agradezco a los fans que se tomen la molestia de comprar la revista y sé que lo hacen porque me ven en la novela o escuchan el disco de RBD».[328]

Fue en esa misma firma de autógrafos donde anunció su deseo de trabajar en el futuro en «una producción discográfica propia con géneros como el pop rock, y por qué no, buscar una oportunidad en el mundo del cine».[329]

Ésa es su asignatura pendiente: el cine. Años atrás trabajó en un cortometraje llamado *Quimera* al lado de Sherlyn y participó en una película titulada *Inesperado amor*, donde se abordaba el difícil mundo de las drogas y donde compartió reparto con Anahí.

Su sueño, su fantasía cinematográfica, pasa por verse rodeada por los brazos de Brad Pitt, de quien se confiesa fan fatal. Puesta a soñar también desearía haber podido trabajar en el reparto de *Tesis* o *Son de mar*, dos de sus películas favoritas.

¿Cuándo llamará el cine a su puerta? Seguro que más pronto que tarde. Con ese fin se esfuerza por superarse cada día. «Ahora es el momento de cosechar un montón de cosas buenas que sembramos un año antes y, por qué no, sembrar lo que queremos para el futuro».[330]

De momento, no ha llegado esa oportunidad soñada de ser protagonista de esa película que se anuncie en grandes carteles cinematográficos.

Los que sí insisten una y otra vez en lanzarle propuestas son los directores de afamadas revistas masculinas. Dicen que incluso la revista *Play Boy* lo intentó. En la revista del «famoso conejito» no la hemos visto de momento pero sí la hemos podido contemplar en todo su esplendor en *Maxim*. Luciendo lencería sexy, se mostró en uno de los números de la revista que anunciaba a bombo y platillo: «Le quitamos los jeans a Dulce...».[331]

Y vamos que si se los quitaron.

La RBD lució tipazo. Unas braguitas y un sujetador de encaje rosa que dejaban entrever sus redondeces provocaron suspiros en la población masculina de medio mundo.

Miles de hombres soñando con ella y ella suspirando por poder pasar más tiempo con los suyos. Así de contradictoria puede llegar a ser la vida de Dulce, quien añora la soledad de su cuarto, las charlas con sus padres...

El éxito la acompaña por donde quiera que va, pero en su corazón siempre hay un vacío difícil de llenar.

Ausencias como la de su querida perrita *Roseta*, que en algún momento ha podido hacerle desear bajarse en la siguiente parada de ese «tren de alta velocidad» que se llama RBD.

«Cuando alguno tambalea, estamos todos los demás para apoyarlo. Lo malo fue hace poco, que tuvimos un "efecto dominó", pues una tambaleó y la tristeza se nos pegó a todos los demás. Fue muy difícil, porque ¿cómo puedes ayudar a alguien que está mal cuando tú estás peor?».[332]

Espíritu rebelde

Cuesta trabajo imaginarse a los seis componentes de RBD siempre activos y positivos dejándose llevar por el desánimo y la tristeza, pero Dulce reconocía en su entrevista a la revista *Hola México* que eso había ocurrido.

«¿Imaginas el día que tengáis que sustituir a algún integrante del grupo?»,[333] pregunta el periodista de la prestigiosa revista a Dulce.

Ella contesta: «Se acabaría la magia. Los seis tenemos personalidades y mundos completamente distintos, y eso hace que existan una fuerza y una energía muy especiales en el grupo».[334]

Dulce adora a sus compañeros de RBD. Entre ellos existe una complicidad, un amor, una camaradería que va mucho más allá de una simple relación laboral. Para ella, los años de trabajo compartidos, los momentos de ayuda mutua, han sido tantos que intentar definir a sus compañeros es todo un reto.

Dulce, conocida por sus compañeros de RBD como *Bam-Bam* por su parecido con Pebbles, la pequeña de pelos rojos y eterna coleta de *Los Picapiedra*, ha firmado un contrato de cinco años que la liga un poco más si cabe a sus amigos «rebeldes». Al menos eso es lo que han publicado algunos diarios mexicanos. En ellos se dice que tanto Dulce como Anahí han renovado su contrato con Televisa ante la desesperación de otras cadenas de televisión que estaban muy interesadas en «ficharlas».

Según esas informaciones, su relación con el gigante audiovisual por otros cinco años más contemplaría dos telenovelas aparte del grupo RBD. No sólo ellas dos han reno-

153

vado su compromiso profesional, también lo han hecho Christian, Poncho, Maite y Christopher...

Como los tres mosqueteros, los «rebeldes» hacen suyo el lema de «todos para uno, uno para todos».

«Los seis estamos haciendo algo que nos apasiona. Es verdad que no estamos con nuestras familias lo que quisiéramos, o con nuestros amigos, o haciendo otras cosas, pero no importa. Al final pagas un precio, pero vale la pena».[335]

Un espíritu unido, un sólido equipo que les llevará tan lejos como ellos quieran. Una carrera hacia el estrellato musical que ha tenido momentos cumbres como lo fue el hecho de estar nominados a los Grammy Latino de 2006 como «Mejor álbum vocal Grupo Pop» por su trabajo *Nuestro amor*. Al final, perdieron frente a La Oreja de Van Gogh, pero presentaron ante un público completamente entregado una nueva versión de *Tras de mí*.

«Creo que no ganar el Grammy te ubica en tu realidad, te recuerda que hay otros artistas con tantas ganas como tú, y te motiva a prepararte para ser grande».[336]

Fue allí, en la entrega de los Grammy, donde Dulce disfrutó de lo lindo. Lo hizo no sólo con los gritos enloquecidos de los fans congregados que aclamaban al grupo RBD, sino porque pudo darse el gustazo de celebrar los cinco Grammy que se llevó su idolatrada Shakira.

Puede que dentro de unos años veamos a Dulce cantando en solitario y cosechando los mismos éxitos que la colombiana.

«Lo que más quiero es ser cantante, componer canciones, actuar en el cine y tener una vida familiar».[337]

El estreno de Dulce como compositora ya se ha producido. *Quiero poder*, la canción de la nueva serie del grupo, *RBD*: *la familia*, es un trabajo suyo:

> Quiero Poder
> Conocer a alguien con poder
> De arrebatarme el alma
> Con una mirada
> Puedo querer a alguien con poder
> De hacerme feliz
> Que no le importe nada
> Sólo mi amor
> Arriesga tu corazón
> Despertarás en mí pasión
> Lo siento, pero no tengo precio.[338]

Éste es sólo un fragmento de esa canción que tanto significa para Dulce. Su debut como compositora, su primera vez como única responsable. Con *Quiero poder*, Dulce grita al mundo su mensaje. Un grito de amor, el de una chica que lejos de buscar a alguien con dinero y coches caros lo único que quiere es poder encontrar a ese hombre que «despierte su pasión», que «le arrebate el alma», la haga feliz «con una mirada».[339]

«Yo pienso mucho en el amor, es lo que más quiero. Ha habido momentos de mi vida en los que he estado muy cerrada, en los que no he querido entregarme aunque lo cierto es que he vivido un poco de todo. También he tenido un poco de todo. También he tenido mis momentos de entrega total».[340]

Apasionada, tenaz e impulsiva, Dulce lucha por no despegar sus pies del suelo. Por seguir siendo la misma chica que era antes de que el «huracán» arrasara su vida privada convirtiéndola en una esclava de la fama, que lleva como buenamente puede. «Es efímera, no es algo real. Yo pienso que muchas veces te dejas llevar por la superficialidad, lo material. Lo importante es saber quién eres tú, acercarte a lo que tú creas, sobre todo en Dios. Yo leo, pinto, escribo de todo lo que mantiene en contacto a uno con nuestra alma».[341]

Creyente y reflexiva ante muchos aspectos de la vida, a Dulce le preguntaron en cierta ocasión qué haría si supiera que le quedaban tan sólo veinticuatro horas de vida. Su respuesta fue bastante esclarecedora para entender cuáles son sus prioridades en la vida. «Disfrutaría al máximo con gente que quiero. Haría las cosas que más me gusta hacer: ir con la gente que quiero a darles un abrazo; disfrutar de un ratito sola, y ver, sentir, escuchar, comer y disfrutar al máximo de mis cinco sentidos».[342]

Son esos placeres, los más sencillos, los que no cuestan apenas dinero, los que hacen feliz a Dulce. Un abrazo, la compañía de los que quiere, ayudar y dar cariño a los que quiere. En innumerables ocasiones ha manifestado la importancia de no vivir de espaldas a los demás, de ser solidarios, de ayudar a aquellos que nos necesitan.

En su primera visita a Perú dejaba bien claras sus prioridades al pronunciar estas palabras: «Nosotros siempre decimos que queremos dar un mensaje. A parte de que se diviertan y disfruten de nuestra música, queremos dar un mensaje positivo y de paz contra todo lo que hay ahorita. Contra todas las injusticias, la guerra, los conflictos, las drogas, el alcohol y todas esas salidas fáciles».[343]

Comprometidos con ideales como el «no a la guerra», las drogas o las injusticias, los chicos de RBD con Dulce al frente siguen conquistando el corazón de chavales de todo tipo de condición social, raza o ideología. Una lucha de la que Dulce se enorgullece pese a la enorme sensación de soledad que a veces recorre sus venas. Un corazón herido por el amor y en el que muy pocos han podido sumergirse. Una gran desconocida para casi todos excepto para Pedro Damián, su descubridor, su «ángel de la guarda», el productor de *Rebelde*. Así la ve él: «Dulce para mí es la que ha tenido mayor transformación. Cuando yo conocí a Dulce era una niña como su nombre indica: DULCE. No decía nada, a todo decía que sí. Roberta, que fue el personaje que hizo en *Rebelde*, le cambió la vida. Porque Roberta le enseñó a expresar lo que ella siente, lo que ella quiere. Es una chica en la que puedes confiar, que puede ser tu amiga de verdad, y que anda en busca del amor. Yo creo que ella es alguien que busca el amor. Ella quiere tener siempre alguien que la tome la mano».[344]

Soñadora, íntegra, fiel a sus amigos... y en busca constante del amor.

La vida le ha dado con creces el éxito que ha buscado desde niña pero le resulta esquiva en lo que al amor se refiere. Cupido se niega a darle esa mano del hombre con el que ella pueda caminar. Una búsqueda que, tal vez, cuando menos se lo espere podrá ser resuelta.

Es la otra cara de Dulce, la menos conocida, la menos segura, la menos parecida al personaje que la marcará de por vida: «Roberta sí me marcó muchísimo. Me hizo decir lo que pienso. Me hizo no dejarme en manos de las injusticias, saber que por muy mal que estén las cosas siempre va a haber una salida, una ventana abierta para salir adelante.

Fue una experiencia muy padre, me dio mucha más fuerza y más carácter».[345]

Roberta cambió su vida. Una existencia marcada por y para el trabajo, para el éxito, para RBD. Dios sabe cuánto durará este sueño o si algún día todo se convertirá en pesadilla.

Dulce confía en que el final tarde mucho tiempo en llegar y que cuando llegue sea un final feliz, un final amable... como de cuento de hadas. De esas hadas con las que tanto le gusta soñar.

José Christian Chávez Garza (Christian)

Es sin duda la cara más amable del grupo, el más divertido, el más camaleónico. También durante años el más desconocido.

Tras su eterna sonrisa y su imagen desinhibida, Christian ha escondido mucho tiempo un alma atormentada y triste. Una doble vida que ha torturado su noble corazón hasta límites insospechados.

Pocos, muy pocos, han sabido que tras su enorme sonrisa frente a los focos y flashes que rodean a la fama, el mexicano escondía terribles angustias personales que a punto estuvieron de llevarle a un trágico final.

Así lo ha confesado él mismo.

«Sí, hay momentos en los que dices "Dios mío ya, ya basta, basta, basta…". Fíjate que yo no entendía a la gente que se suicidaba, yo decía ¡qué cobardes! Pero cuando te empiezan a dar crisis, realmente las crisis eliminan toda tu parte positiva. Todo lo que ves está mal, no hay futuro, no hay una posibilidad».[346]

Christian relata así la terrible pesadilla en la que en determinados momentos se ha convertido su existencia. Un desgarrador testimonio que manifiesta otra vez cómo tras la luz y el color de la fama se esconde un mundo a veces oscuro y gris. Una jaula de oro que encierra y apresa a sus víctimas llegando a ser en determinados momentos algo muy distinto a lo que ven los fans.

«Me angustiaba, me decía "me voy a morir, me voy a morir..."».[347]

¿Qué motivos han sido los que han hecho que Christian haya vivido semejante infierno personal?

¿Qué o quiénes han convertido su vida en esa pesadilla que parecía a punto de arrasar su joven vida de éxito y glamour?

¿Ha sido el ocultar su condición homosexual durante años el motivo de estas angustiosas experiencias personales?

En las próximas páginas intentaremos desvelar las claves a estas preguntas y comprender cómo ha sido la vida del carismático miembro de RBD.

José Christian Chávez Garza, el más transgresor de los RBD, nació en el seno de una familia conservadora, de férrea educación católica. Vino al mundo el 7 de agosto de 1983 y lo hizo bajo el signo zodiacal de Leo. Ese mismo día, muchos años antes, nació la espía holandesa Mata Hari, una mujer marcada por la doble vida. Una doble identidad que la espía pagó con la muerte.

Vino al mundo en Tamaulipas, un estado en el noreste de México que comparte una larga frontera con el estado estadounidense de Texas.

Con una población de poco más de tres millones de habitantes, la principal actividad profesional de los paisanos de Christian es la industria manufacturera.

Pero no es a eso a lo que se dedican en su conservadora familia. Hijo de padre abogado, el «rebelde» Christian recibió una estricta educación católica primero en una escuela Marista y posteriormente en un disciplinado centro del Opus Dei. Lejos de adaptarse a la presión paterna por seguir sus pasos en tareas de abogacía, el pequeño Christian deja bien claro a su padre que sus sueños profesionales apuntan en dirección muy distinta. El mundo del espectáculo es su mayor ilusión y así se lo hizo saber a los suyos.

«Al principio no les gustaba, quizás porque nadie de mi familia se ha dedicado a esta profesión. Mi padre es abogado y todos me decían: en esa carrera o te va muy bien o te va muy mal. No te la juegues, Christian, estudia otra cosa»,[348] recuerda el cantante de RBD.

La oposición familiar fue intensa. Nadie quería ver al joven Christian iniciando una carrera tan insegura como la de actor o cantante. Fue especialmente su padre, José Luis Chávez, quien más le presionó para que recapacitara en lo alocada que podía resultar su decisión de jugárselo todo a esa carta.

«Para mí ha sido muy difícil —ha reconocido el padre de Christian— porque yo en primer lugar le puse todos los obstáculos posibles. Yo soy muy tradicionalista. En mi familia no tenemos ningún antecedente en el ambiente artístico, y es una carrera muy difícil».[349]

Pese al enorme disgusto que supuso para sus padres, nada parecía impedir a Christian su obstinado empeño por dirigir sus pasos al mundo de la escena. Desde niño el baile era una de sus mayores aficiones. También el pintar y, por supuesto, el cine. Gustos artísticos un tanto difíciles de compaginar con los del resto de la familia, más proclive a conversar sobre leyes y sentencias de tribunales. «Yo quería cantar y actuar desde que era chiquito; sentía que éste era mi camino en la vida. Y gracias a Dios, pienso que no me he equivocado».[350]

Enganchado a la tele y sus dibujos favoritos de Looney Tunes, el niño Christian fue creciendo con un sueño: poder algún día trabajar en una de esas series de televisión que tanto le gustaban.

Encerrado en su cuarto, soñaba y dejaba transcurrir las horas escuchando música de Intocable y Mecano, sus dos grupos favoritos. Se confiesa fan de Ana Torroja, la solista de Mecano, y cuando se le pregunta por el título de su canción favorita, señala *Amor maldito*, de Intocable, como la que más le gusta.

> Y he llorado tu amor maldito
> Que me mata y sigo vivo
> Porque ha muerto toda mi ilusión
> Que había en mi corazón
> Y he llorado tu amor maldito
> Que en infierno se ha convertido
> Que le pido y le suplico a Dios
> Que me tenga algo de compasión.[351]

Con ese estribillo sonando en su mente, Christian fue madurando. Una canción que habla de una pasión dolorosa que convierte a quien la canta en un maldito del amor, una víctima de unos sentimientos que pese a saber que le causan daño son imposibles de dominar...

Una tortura en los sentimiento que, tal vez, Christian empezó a experimentar por aquella época al tener que ocultar su condición homosexual.

La música le transportaba, le ayudaba a poder evadirse y acariciar la idea de algún día cantar al mundo entero sus sentimientos. «Cuando canto se me olvidan mis problemas. No puedo elegir entre actuar o cantar, porque estoy enamorado de las dos cosas. Es muy curioso pero en el escenario y en un plató se me olvidan mis tristezas, mis preocupaciones... En esos momentos soy plenamente feliz»,[352] ha admitido Christian con emoción.

Desde joven el polifacético miembro de RBD ha soñado con trabajar en el cine, su otra gran pasión. Su actor favorito es el español Javier Bardem, y *Los amantes del Circulo Polar* es su película favorita.

Si tuviera que sumar las horas que se ha pasado en la oscuridad de un cine o frente a su televisor viendo películas, hasta él mismo quedaría sorprendido. No es de extrañar que decidiera intentar trabajar en ese mundo que tanto le seducía.

Pese a que en la actualidad ha conseguido hacerse un hueco en el panorama audiovisual de su país, sus inicios fueron difíciles. Una carrera llena de obstáculos en la que el primer escollo a salvar fueron sus propios miedos. «Mi tristeza más grande era que cuando yo entré al CEA, vi que yo no soy el prototipo de persona de la empresa, no soy el prototipo de protagonista de ojos azules, fuerte, con las facciones perfectitas. Me dijeron tú no vas a llegar a ser nada porque no eres el prototipo».[353]

Con ese juicio tan severo se encontró Christian recién empezada su carrera artística. Los supuestos expertos le auguraban un escaso futuro por no ser el prototipo de galán guaperas y seductor que, sin necesidad de decir una palabra, derretía a las chicas con un simple pestañeo de ojos.

Mirarse al espejo le recordaba cada día lo mucho que se alejaba su rostro del prototipo de joven que buscaban las productoras de televisión.

En casa le desanimaban diciendo que se equivocaba escogiendo ser artista y en la escuela de actores le decían que con su aspecto físico el porvenir era muy negro... ¡Menudo panorama!

«Ahí empezó mi tristeza. Estuve a punto de renunciar y decir *bye*, pero pensé que si estás en este mundo es para crecer como ser humano, para romper con cosas, ¿no? Así de pronto no eres la persona bonita o la persona de cuerpo pero hay algo en ti».[354]

Tras la desilusión inicial, Christian asumió que nunca sería ese adonis que le gustaría haber sido y decidió que pese a ello tenía mucho que ofrecer al mercado artístico de su país. No tiró la toalla. Aunque le resultó doloroso, no cedió en su empeño. Confiesa que la tristeza se apoderó de él, su autoestima cayó por los suelos y los trastornos de salud le llevaron a entender en más de una ocasión a aquellos que desesperados se planteaban para qué seguir viviendo... «Las crisis eliminan toda tu parte positiva. Todo lo que ves está mal. No hay futuro, no hay una posibilidad. Me angustiaba porque me decía: "me voy a morir, me voy a morir porque no puedo dormir, no puedo comer porque se me suben los jugos gástricos, porque tarde o temprano me temo desmayar y me tiene que pasar algo, no puedo estar despierto, ¿no?"».[355]

Su autoestima estaba por los suelos. Desconfiaba de sus posibilidades artísticas y, tal vez, como otros adolescentes gay, se negaba a aceptar su realidad homosexual.

Un conflicto mental que a muchos chicos que han pasado por circunstancias similares les ha llevado a serios trastornos de personalidad. «No podía ni siquiera desconectarme un segundo. Era la angustia todo el tiempo, todo el tiempo, todo el tiempo. Cuando estoy bajo mucha presión de pronto llego a tener pequeñas crisis. Siento sudor frío».[356]

Sumido en un mundo de inseguridades, Christian continuó preparándose para llegar algún día a ser un buen actor. Desde el año 2000 al 2003 acudió diariamente a clases en el Centro de Educación Artística de Televisa. Además, cursó dos años de canto para formarse como cantante. Fueron dos duros años de estudio en los que su amor propio pasó por todo tipo de estados. Su perseverancia pronto daría resultados.

La oportunidad que siempre había buscado llamaba finalmente a su puerta. Televisa ponía en marcha la serie *Clase 406* y le convocaban a las pruebas. Con los nervios a flor de piel se presentó al *casting* cruzando los dedos y quién sabe si llevando su amuleto de la suerte: unos calzoncillos de color rojo.

Pero la suerte hay que trabajársela y él lo sabía. La prueba fue un éxito y lo seleccionaron para interpretar a Fercho, un personaje que le encantó: «Para mí fue una experiencia maravillosa, porque fue la primera telenovela y la primera oportunidad que me dio Pedro Damián, que es como nuestro papá. Fue una novela muy bonita que también fue larga, de larga duración, donde conocí a Dulce, a Poncho y a Anahí».[357]

Tras acabar la serie, las dudas volvían a aflorar en el inexperto Christian.

¿Habría sido su contrato en *Clase 406* sólo un espejismo, un golpe de suerte que nunca se volvería a repetir?

¿Se habría equivocado al no escuchar los consejos paternos que le decían que la vida de un artista no merecía la pena por su constante provisionalidad?

La respuesta llegaba al poco tiempo. La gran oportunidad apareció envuelta en un nombre que marcará su vida para siempre: «Rebelde». «Con *Rebelde* es como si me hubiera tocado la lotería. Me dio la oportunidad de desarrollar todas esas facetas, de hacer lo que más me gusta».[358]

Giovanni fue el papel para el que fue seleccionado. Le tocaba meterse en la piel de uno de los chicos más divertidos del Elite Way School. Un chico simpático y de los que se hacen querer, con un bolsillo lleno siempre de dinero y un corazón vacío de cariño hacia sus padres.

Es con este último rasgo con el que Christian se siente menos identificado.

«No me gusta que se avergüence de su familia, eso no está bien. Yo me siento muy orgulloso de mi familia. Giovanni le da mucha importancia al dinero y a la posición social y a mí eso no me importa».[359]

Así de crítico se muestra Christian con Giovanni.

Alejado de la esclavitud del dinero y aparentando en la ficción que lo tiene, este rebelde de pelos de colores cree que el mayor de los tesoros lo tiene en el cariño que recibe de su entorno familiar y de sus amigos. Son ellos los que le ayudan a no perder el norte.

Se niega a que el éxito se le suba a la cabeza. Esas declaraciones las hacía cuando ya era toda una estrella emergente en México.

La serie *Rebelde* estaba ya en boca de todos los adolescentes del país que veían en él, así como en el resto de sus compañeros, modelos de conducta a imitar. Increíble pero cierto: el patito feo que según algunos avispados no tenía futuro por no ser el prototipo de «guaperas», arrasaba con sus *piercings* y sus pelos de colores.

«Mientras sepas quién eres, quiénes son tus amigos, hacia dónde quieres ir, y sepas que todo esto es pasajero, y que por más fama, fortuna y reconocimiento que puedas llegar a tener no eres más que un ser humano, igual que los demás, no hay problema. Eso tienes que tenerlo muy claro; si no...».[360]

En un principio, Christian desconfió de sus posibilidades para dar vida al alocado Giovanni. Por muy sorprendente que pueda parecer, el divertido actor ha confesado que desconfiaba de su capacidad para hacer un trabajo tan pegado al género de la comedia.

«Ahorita, como finalizó la telenovela, tuvimos que distanciarnos Giovanni y yo un poco, pero creo que es un personaje que me enseñó. Yo siempre le había dado la vuelta a la comedia. Cuando yo estudiaba en el CEA decía que la comedia no es para mí. Este personaje me enseñó que la comedia es muy padre y que se puede disfrutar al máximo y se pueden hacer muchas cosas como actor... Yo creo que le agarré cariño a la comedia».[361]

Christian se esfuerza por mantener los pies en el suelo. Giovanni es mucho más superficial, menos reflexivo que él. Ambos tienen algo en común: su gran sentido del humor.

«Lo que más me gusta de mi personaje es que es muy gracioso, siempre con comentarios para hacer reír a los demás y eso me encanta. Yo también soy muy bromista, me paso la vida diciendo tonterías».[362]

Bromeando a todas horas. Así transcurrían las jornadas de grabación de la serie, según dicen casi todos. Christopher sembró el terror entre los regidores y los cámaras. Cuentan que sus chistes y risas hicieron que muchas escenas se fueran improvisando sobre la marcha.

«No podía dejar de reírme y de pasármelo bien. *Rebelde* ha sido muy importante para mí —se enorgullece Christian—. De Giovanni he aprendido que a pesar de todo, siempre hay que tener una sonrisa, que no hay que tomarse las cosas tan a pecho».[363]

Tomarse la vida con una sonrisa, con la mejor de las caras y sin dramatismo...

Difícil para cualquier adulto, pero especialmente complicado para un joven que apenas supera los veinte años.

Es a esa edad cuando Christopher tiene que enfrentarse a una encrucijada a la que algunos hombres adultos han sido incapaces de hacerlo.

Señalado con el dedo

La revista *People* en español publicó en septiembre de 2006 el siguiente titular: «Yo no soy gay. No tienen por qué inventarme cosas».[364]

Las tendencias sexuales del chico de RBD comenzaban a ser motivo de ríos de tinta en la prensa de su país y objeto de múltiples chismes en varios programas de televisión.

Sus atrevidos cambios de *look*, la ausencia de acompañantes femeninas y los cuchicheos, traspasaban los límites de lo privado y le llevaban a la encrucijada de desvelar al país su condición sexual o salvar las apariencias.

Su inmadurez y el miedo le llevaron a optar por la segunda opción.

«Me dio mucha risa cuando escuché comentarios en una radio de que era gay»,[365] se justificó Christian en su entrevista a la revista *People* a la que mintió al negar su condición sexual.

Una mentira aún más grave, de ser cierto que también lo ocultó a su familia.

«Tuve que hablarlo con mi padre y abuelos. Yo respeto a los homosexuales... Si tú eres lo que eres, entonces hazlo, dilo, grítalo, pero yo no soy gay y no tienen por qué inventarme cosas».[366]

Con esas declaraciones Christian intentaba impedir que salieran a la luz sus tendencias sexuales. Defendía así su derecho a mantener en el ámbito de lo privado algo tan íntimo. Es de suponer que el ambiente en su familia se pudo resentir. De cara a la galería todo seguía igual.

Sus compañeros cerraban filas en torno a él.

Para entonces, el grupo RBD era todo un fenómeno de fans que arrastraba a miles de jóvenes por todo el mundo. A sus conciertos acudían miles de chicas que gritaban, cantaban y se enamoraban de los tres chicos del exitoso grupo RBD.

¿Cómo sentaría entre las fans saber que uno de sus «amores» por los que suspiran es gay?

Christian prefirió ignorar la respuesta.

«La fama es importante y pasajera. Yo tengo los pies en la tierra y sé que debo aprovechar este momento para dar a conocer mi trabajo. Lo que más me importa es trabajar con la mayor profesionalidad y dar lo mejor de mí mismo. La fama va y viene y sólo puede marearte».[367]

Consciente de lo efímera que es la fama, Christian se esforzó en trabajar duro en su faceta artística.

El amor debería esperar. En su caso, incluso permanecer oculto.

Cuando saltaba al escenario, aparentemente era uno más, pero la prensa seguía presionándole.

Fue el 20 de octubre de 2006 cuando el periódico *La Raza* de Chicago (EE UU) publicó una entrevista con Christian. El periodista del diario americano le preguntó: «¿Cómo haces para lidiar con las chicas que supongo se te echan encima?».[368]

Lo que ocurrió a continuación deja bien patente el enorme conflicto de Christian para salvar las apariencias.

«Ahhhh... —sonrió nervioso intentando revestir de normalidad la violenta situación—. Este... pues yo, la verdad... Hasta ahora nunca una chica ha llegado a ese punto. Yo creo que ese tipo de cosas no va conmigo. Yo soy de las personas que primero tiene que entablar una relación para...».[369]

La respuesta no pareció satisfacer al periodista, que le recordó al RBD que a su edad existen unas necesidades físicas que exigen mantener relaciones sexuales.

Christian, que estaba dispuesto a admitir cualquier cosa menos que no le atraían las mujeres, salió del paso como buenamente pudo.

«Ahh... Claro... Híjole... Pues de pronto recurrir a la mano amiga».[370]

Pese a la insistencia del periodista, Christian se negó a dar explicaciones del modo en que «aliviaba» sus tensiones sexuales.

El grupo RBD saltaba por esa época al mercado estadounidense y Christian no quería que sus fans conocieran que era gay. El disco *Rebelde* arrasó en las listas estadounidenses logrando posicionarse en la cima de los Billboard Top Latin Albums vendiendo 400.000 copias en los Estados Unidos y consiguiendo de ese modo el disco doble de platino.

Su segundo disco, *Nuestro amor*, encabezó los Billboard durante tres semanas consecutivas.

Celestial, su tercer trabajo, arrasó en su primera semana de ventas. En sólo siete días vendieron 137.000 copias, siendo número uno durante nueve semanas consecutivas en los Billboard Top Latin Albums.

En concierto: Estados Unidos

Los Ángeles exclamó : «¡Y soy rebelde!».[371] Con ese grito se inició la gira Tour Generación RBD 2006 en los Estados Unidos.

Sesenta y cinco mil «rebeldes» se dieron cita en el Coliseo de Los Ángeles. Lleno absoluto de jóvenes vestidas con minifaldas y botas imitando a Anahí y compañía. Ni la llovizna ni el frío desanimaron a los entregados seguidores de RBD, que animaron a sus ídolos hasta límites insospechados.

«Los fans ocupan un lugar muy privilegiado en nuestras vidas —confiesa Christian emocionado—. Gracias a ellos somos lo que somos. Es increíble el tiempo que nos dedican y el enorme amor que nos transmiten. Te juro que es algo padrísimo que estén pendientes de nosotros y que no les importe si hace frío o calor con tal de estar al pie del cañón. ¡Los adoramos!».[372]

Pudieron experimentar el enorme placer de ver vibrar bajo el escenario a miles de fans. Lo hicieron en el mismo lugar donde meses antes Madonna había protagonizado uno de sus conciertos más multitudinarios. Pero ellos habían dado un paso más que la polémica cantante. El concierto pasó a ser todo un acontecimiento histórico generando ganancias superiores a los de Madonna o U2 y superando récords de ventas que sólo han logrado grandes de la industria anglosajona como los Rolling Stones.

El éxito del grupo era incuestionable. El 17 de febrero de ese mismo año superaron de nuevo otro récord de la rubia cantante del *Vogue*. En tan sólo treinta minutos vendieron 12.000 entradas para su primer concierto del Tour Generación RBD 2006. Comenzaba una frenética gira que les llevaría por 32 ciudades.

«No hay palabras para describir lo que se siente cuando la gente que aún no te conoce o no entiende tu idioma corea las canciones como si de verdad se identificara con ellas».[373]

Christian estaba viviendo el sueño de su vida. Recorría Estados Unidos de una costa a otra aclamado por miles de fans que coreaban sus canciones.

Un triunfo para RBD y especialmente para él, que nunca se rindió y confió en sus posibilidades aun cuando otros no lo hicieron. Cuando se vio paseando por Manhattan con tratamiento de estrella del pop, deseó llorar.

La ciudad de los rascacielos les aguardaba y les tenía reservado uno de sus mayores éxitos.

The New York Times, el periódico más importante de los EE UU, sucumbió al efecto RBD con este titular: «El legendario Madison Square Garden de Nueva York vibró con RBD».[374]

Un hito histórico para los «rebeldes» Christian, Poncho, Anahí, Maite, Dulce y Christopher, que apenas dos años atrás soñaban con ser cantantes.

El éxito de RBD era objeto de comentarios en la prensa norteamericana. Allí por donde pasaban los llenos se sucedían y concierto tras concierto rompían récords y marcaban hitos en la historia de la música mexicana.

«No puedo hablar por el resto. Sin embargo, creo que la gente al final es la que manda y la que nos ha dado su respaldo asistiendo a los conciertos pese a esas críticas. Ahora que estamos invitados para actuar en los Grammy Latino, a los que hemos sido nominados, ojalá esos críticos puedan darse cuenta de muchas cosas sobre nuestro talento»,[375] sentenció orgulloso Christian en una entrevista publicada en los Estados Unidos.

¡Nominados a los Grammy Latino en tan sólo dos años! Y eso que algunos les tachaban de ser un producto un tanto ficticio y con escaso talento. El público de todo el mundo decía a esos críticos que se equivocaban, que por mucho que intentaran desacreditar a los chicos de RBD, su música llegaba a los fans que compraban sus discos por miles y llenaban estadio tras estadio por todo el mundo para verlos actuar.

«Seguimos teniendo éxito, pues los conciertos se llenan —señaló Christian a un periodista que le insistía preguntando si eran fruto de una moda pasajera—. Nosotros estamos

totalmente conscientes de que somos una moda y que podemos pasar a la historia en cualquier momento. Por eso es que
permanentemente estamos renovándonos, haciendo cosas distintas y trabajando con diferentes personas. Mira, todo lo que
sube, baja; y todo lo que empieza, termina. Por eso aprove-
chamos los momentos que nos regala la vida para sacar muchísimas cosas. Nosotros estamos creciendo pese a que algunos
del grupo nunca habían cantado, salvo Dulce y Anahí, de
modo que somos nuevos —admitió Christian con honestidad—. Yo siempre canté antes y tomé clases de canto. Ahora tenemos una entrenadora que se encarga de las vocaliza-
ciones y todo eso».[376]

El Tour Generación 2006 provocaba llenos absolutos en
Los Ángeles, Texas, Washington, Nevada, Nueva York, Ore-
gón... Christian y sus compañeros arrasaban Estados Unidos a su paso.

Aun así, comenzaron a arreciar las críticas feroces lanzadas desde sectores periodísticos contrarios al poder mediá-
tico de los RBD.

Algún que otro crítico empezó a decir que el grupo per-
día mucho en directo y les calificaban de «desafinados». Las
peores opiniones las cosecharon precisamente en Chicago
donde, según algunos, protagonizaron su peor actuación.
Christian fue el encargado de salir al paso ante las críticas.
«Nosotros somos personas súper honestas y creo que lo que
se dice de nosotros es que nuestros conciertos siempre han
sido en vivo. De ahí que en algunas presentaciones se hayan
notado fallos producto del cansancio de las giras y todas las
cosas que hacemos, ya sea grabando la novela o preparan-
do los conciertos».[377]

Críticas severas que no impidieron el éxito de público

en todos sus conciertos, incluido el de Chicago. La gira norteamericana de RBD vendió, según algunos medios, más de 350.000 entradas, con unos ingresos que superaron los 18.000.000 de dólares. Los mexicanos se colocaban en el puesto número 15 de los tours más vendidos en los Estados Unidos.

«Llegábamos a cantar en vuelos matadores, después de grabar la novela hasta las 12 de la noche y levantarnos al día siguiente a las 5 de la mañana para subirnos a un avión y después de unas horas estar listos para cantar».[378]

Con modestia, Christian reconoció que en determinados momentos y fruto del cansancio sus voces no habían estado al cien por cien. Ellos no engañan al público como otros grandes actuando en play back. Su voz, según los críticos, había sido probablemente la que mejor había sonado.

Christopher se siente muy orgulloso de pasear el nombre de México por los Estados Unidos, de demostrar el poder «rebelde» por el todopoderoso gigante norteamericano. Pocos han sido los compatriotas que han conseguido romper las fronteras del férreo mercado discográfico yanqui. Algunos quieren ver en su éxito sólo el buen trabajo de marketing de la factoría Televisa. Un razonamiento injusto y erróneo que duele mucho a Christian.

«Casi siempre se conoce la cara más agradable del trabajo, pero detrás hay un sacrificio enorme que, gracias a Dios, hemos sacado adelante. En los conciertos fuera de México recibimos mucho cariño ¡pero estamos lejos de casa! Así que al llegar al hotel disfrutamos de la hermandad que existe entre nosotros».[379]

Es el desarraigo fruto del constante peregrinar por todo el mundo la peor sensación para Christian. Como él se sienten también el resto de los miembros de RBD, que con apenas veintitantos años han renunciado a pasar más tiempo con sus amigos y familiares para sacar adelante el proyecto musical mexicano más ambicioso de los últimos tiempos.

Guste o no guste a sus detractores, Christian sabe que hay una única realidad: RBD arrasa por donde quiera que pasa. Sus ventas se disparan y el mercado de los Estados Unidos comienza a caer rendido a sus pies.

«El sueño se hizo realidad para nosotros que somos aspirantes a cantantes y actores. Nunca pensamos que iba a crecer así el grupo desde que comenzó todo en una telenovela. Ahora ya grabamos hasta un disco en inglés. Tenemos que agradecerle a la vida por todo lo que nos está sucediendo».[380]

En noviembre de 2006 pusieron en el mercado su tercera producción: *Celestial*, lanzando como primer tema *Ser o parecer*. El disco entró con fuerza en el mercado estadounidense en su versión *Rebels*. Christian es el escogido para el reto de ser la voz que cante la primera canción de RBD en inglés. *Tu amor*, una canción en español e ingles saltó al número 40 de los Billboard 2006.

Una decisión acertada que el productor Pedro Damián explica de este modo: «Christian ha sido el más entregado en el escenario. Ha sido alguien que ha crecido con la música. Para el disco en inglés es la voz que se escogió. Es la voz fundamental del primer sencillo en Estados Unidos».[381]

Su entrega y su crecimiento artístico hicieron que Christian fuera el elegido para el reto de iniciar la conquista del mercado anglosajón.

«¡Fue muy chido! No me lo esperaba. Es un tema de

Diane Warren que se llama *Your Love*, y me siento muy honrado porque cuando le dijeron que yo interpretaría su canción ella me señaló diciendo «él, ¡uau!». Además, déjame contarte que Diane ha sido nominada en varias ocasiones a los premios Grammy y a los Oscar, y ha trabajado con rockeros de la talla de Aerosmith, así que cantar este tema es para mí un verdadero orgullo. ¡Aún no me lo creo!».[382]

Con este trabajo se atendía a una demanda del mercado y se buscaba abrir fronteras musicales para estos nuevos «conquistadores». Sus voces empezaban a escucharse en inglés: la lengua más internacional y el mayor mercado musical, el de los Estados Unidos.

El principal problema para algún «rebelde» consistía en conseguir un inglés cien por cien genuino. Christian, dado su origen fronterizo, lo tenía un poco más fácil que el resto.

«Soy de la frontera con Estados Unidos; de Reynosa, Tamaulipas, y todo el tiempo estamos en contacto con el inglés, por lo que la mayoría somos bilingües... Bueno, obviamente el inglés es un idioma que nos acompañó toda la vida como la música o las películas, claro que cuando uno canta es distinto. Por eso fue complicado por algunas formas guturales que nos cuestan trabajo pronunciar como latinos, pero fue una experiencia maravillosa con la que la gente se va a divertir mucho».[383]

Estado tras estado, el mercado norteamericano se ha abierto definitivamente ante ellos. Tras mantenerse *Celestial* más de nueve semanas consecutivas en la cima de la lista Billboard de los discos latinos más vendidos en Estados Unidos, el grupo se adueñó de la radio en Texas donde de manera ininterrumpida se paso únicamente música de la denominada «rebeldemanía».

El año 2006 se acercaba a su fin y Christian había superado con creces los sueños, las ilusiones con las que lo había iniciado.

Brasil, España, EE UU... Una tras otra caían las fronteras y su nombre era aclamado por sus fans.

Entrevistado días antes de celebrar la Navidad con su familia, el RBD de los pelos de colores respondía a la pregunta de si alguna vez había podido llegar a visualizar el fenómeno «rebelde».

«No, nunca. Imaginaba mucho y a veces pensaba que era una exageración, pero la realidad lo ha superado todo. Ahora me considero feliz. Definitivamente el año 2006 ha sido el año en el que mi vida ha dado un giro de 180 grados. Siempre había querido triunfar en la música, y ahora tengo la suerte de ver realizado mi sueño. ¡Incluso he podido cantar una canción en inglés!».[384]

Con esa satisfacción despedía el año. Lo hacía rodeado de los suyos, de sus padres y amigos, brindando por el futuro y albergando en su interior alegría, ilusión... y un secreto.

Un enigmático y oculto misterio que súbitamente rompería la calma de su vida.

Soy gay

«Christian Chávez admite su homosexualidad después de que se hicieran públicas fotos de su boda con otro hombre en Canadá».[385] Así se hacía eco la prensa española de la noticia que el día 2 de marzo de 2007 conmocionaba a la prensa mexicana.

Christian, el camaleónico miembro de RBD, admitía su condición de gay con apenas veintitrés años de edad. Precursor en muchos campos, Christian es el primer famoso del país que declara públicamente ser homosexual. Un acto de valentía que otros muchos famosos se niegan a hacer y que Christian se ha visto forzado a manifestar ya que estaba siendo chantajeado.

Ese día el cantante acababa con ese intento de extorsión con este comunicado:

> El día primero de marzo de 2007 fueron expuestas ciertas fotografías que muestran una parte de mí, de la cual no me sentía preparado para hablar por el miedo al rechazo, a la crítica, pero sobre todo por mi familia y sus consecuencias.
>
> Creo que ha llegado la hora de crecer, no sólo como ser humano, sino como artista. Creo que el amor es el sentimiento más puro que existe y en esta carrera llena de soledad, el tener la oportunidad de compartir esos momentos con alguien, al cual miras y se olvida todo lo negativo, es un regalo de la vida que atesoro más que la fama.
>
> Ya no quiero mentir y mentirme por miedo. Adoro lo que hago, cantar y actuar es mi vida, mi pasión, jamás podría hacer algo distinto. Me siento muy mal por no haber podido compartir esto antes con mis fans, que son lo que más me preocupa y por lo cual decidí ser honesto.
>
> Ojalá puedan ver más allá de la nota. Soy un ser

humano como cualquiera, con defectos y virtudes y no creo que esto sea un defecto, no lo voy a negar.

Solicito y agradezco a la prensa el respeto hacia mi familia y hacia mi persona, con lo cual concluyo el tema con esta carta y no haré declaraciones posteriores.

Tengo miedo e incertidumbre, pero yo me apoyo en mis fans, yo sé que su amor es más grande que esto. Les pido de todo corazón que no me juzguen por haber sido honesto y sobre todo que siempre se sientan orgullosos de lo que son y nunca cometan el error que yo cometí.[386]

Con este comunicado lleno de miedo e incertidumbre, Christian salía del «armario» o «*closet*» y hablaba abiertamente de sus tendencias sexuales. Una decisión que debería haber sido libre pero a la que se vio forzado por el cruel chantaje.

La publicación de unas fotos suyas con otro chico besándose y contrayendo matrimonio en Canadá en el año 2005 estaban siendo el instrumento utilizado por un enemigo para extorsionarle.

La identidad de los chantajistas no ha salido a la luz pública. Lo que sí se ha conocido es el nombre del atractivo joven con el que Christian se casó en secreto. Se trata de B.J. Murphy, un joven de veinticinco años nacido en Canadá.

Ambos se conocieron a principios de 2005 cuando el equipo de *Rebelde* se desplazó a tierras canadienses para grabar la serie. Según una revista de espectáculos, el amor entre ambos surgió en la peluquería del grupo, lugar donde trabaja el amor de Christian.

Un amor secreto para el mundo pero que a Christian le daba la fuerza necesaria para ser feliz.

«Para mí el amor es... ¡Es básico! —confiesa el cantante—. Parece un tópico eso de que el amor mueve el mundo, pero es la verdad. Creo que uno de los objetivos que debemos tener en la vida es buscar el amor hasta encontrarlo. Yo siempre he creído que la vida te lleva hasta esa persona y te muestra el camino como si todo conspirara para que esas dos personas terminasen juntas».[387]

Según algunos periódicos, Christian convivía desde tiempo atrás en la Ciudad de México con Murphy, su misteriosa pareja. Una relación desconocida para la gran mayoría pero no así para sus compañeros de RBD. Murphy era el estilista de los pelos de colores y de la imagen de las chicas. Sirva como ejemplo que fue él quien puso a Anahí sus extensiones de cabello.

¿Era su homosexualidad algo que Christian ocultaba a su entorno de familiares o amigos?

Para muchos adolescentes y jóvenes el pensar o experimentar con personas del mismo sexo puede causarles preocupaciones y ansiedad con respecto a su orientación sexual. El hecho de sentirse diferente a sus compañeros y amigos, el temor a ser objeto de burla o la preocupación por cómo pueden responder sus seres queridos y su familia, lleva a muchos a ocultar su condición de gay.

¿Fue así también en el caso de Christian?

La respuesta aparentemente es no. Angelique Boyer, amiga del actor, así lo manifestó a las cámaras de *La Oreja*: «Christian siempre ha sabido asumir su homosexualidad. Es muy difícil que una persona gay lo asuma delante de su familia, de sus amigos, de todo lo social. Su familia siempre lo han aceptado, lo han amado».[388]

Angelique dice que a la hora de hablar de Christian sólo pueden salir de su boca cosas buenas, aunque admitió sentirse sorprendida cuando la noticia se hizo pública.

Zoraida Gómez, amiga también del actor, aclara que la sexualidad del actor era conocida por todo su entorno: «Siempre ha sido muy reservado con sus cosas, nunca ha tenido problemas. Para mí no era un secreto que fuera gay. Además yo creo que si la gente le preguntaba decía: sí. Me parece un gesto muy lindo de él compartir su vida íntima con todos sus fans. Mis respetos y qué bueno que ya lo gritaste y lo hiciste».[389]

Christian no sólo recibió comprensión de sus familiares, amigos y fans. Uno de los mitos musicales más importantes del pop internacional se sumaba a las valiosas muestras de apoyo.

Mensaje de Ricky Martin

«La vida es bastante corta como para vivir encerrado en el qué dirán. Yo me imagino que él tiene que estar libre en muchos aspectos y le deseo lo mejor, mucha fuerza».[390]

Éstas fueron las palabras que al parecer pronunció Ricky Martín, el cantante puertorriqueño, enviando apoyo a Christian en unas declaraciones que fueron publicados en distintos diarios del mundo.

El miembro de RBD contó también con el apoyo de un amplio sector de la sociedad mexicana. La organización Alianza Gay y Lésbica Contra la Difamación (GLAAD) y reconocidos periodistas como Laura Bozzo, Carla Estrada o Sergio Zurita han aplaudido la declaración de su condición de gay como una valiente decisión.

«Hay gente que viene detrás de mí, chicos que pueden estar pasando por lo mismo y me gustaría abrirles brecha —declaró Christian a un rotativo que insistía en buscar un porqué a su decisión—. La preferencia sexual no hace ni más ni menos a un ser humano, y me gustaría puntualizarlo a las madres de familia que podrían preocuparse de que sus hijos vean un mal ejemplo».[391]

Precisamente, las madres de sus compañeros de RBD quisieron también salir en apoyo del «peliteñido» Christian. Lejos de mostrarse molestas o preocupadas, demostraron su solidaridad.

Christian ha dejado muy claro en las pocas declaraciones que ha hecho sobre el asunto que los padres no han de ver en este asunto una enfermedad ni algo fuera de lo común.

Desgraciadamente, muchos chicos han sufrido el rechazo social y la terrible experiencia de verse forzados a abandonar sus hogares ante la incomprensión paterna.

Durante años Christian ha mantenido una doble vida. Un salvar las apariencias que ahora algunos cuestionan planteándose hasta qué punto el cantante ha jugado con esa doble personalidad ante sus fans.

«Algunos dicen por qué no lo dijo antes, otros por qué lo dijo, no era necesario. Obviamente fueron cosas que pasaron por mi mente porque a fin de cuentas soy un chavo de 23 años, tampoco soy la voz de la experiencia —se justifica Christian ante la presión de algunos que le tachan de farsante—. Yo hablé con Pedro porque gente malintencionada empezó a tratar de chantajearme. Entre Pedro y yo decidimos que era mejor hablar con la verdad, que era mejor ser honestos, que era mejor abrir una brecha en México. Es algo que no es malo, no maté a nadie ni asalté a nadie ni nada por el estilo. Soy un ser humano igual que todos. No me quita ni dejo de ser más hombre. Al contrario, yo creo que uno al aceptarse como es, tener la bandera de la verdad, tienes más respeto a la gente. Esto es algo que he constatado ahora con el apoyo de la gente. Es algo que agradezco inmensamente, son los que me hacen estar fuerte y quiero agradecérselo a ellos y a la prensa, en especial a toda la gente de Televisa Espectáculos».[392]

Aceptada su condición y hecha pública su condición homosexual, fueron muchas las voces que empezaron a señalar a Christian como una emergente estrella gay, como un icono sexual que podría ser utilizado para captar a un público hasta ahora aún por explotar. La reacción del cantante a estas afirmaciones no se hicieron esperar.

En la entrevista concedida al diario *Reforma* asegura que «no tiene ningún interés en convertirse en un icono gay» y que su principal intención ha sido abrir el camino a otros e intentar hacer ver a los padres que la «preferencia sexual no hace ni más ni menos a un ser humano».[393]

Christian una vez más manifiesta en esas declaraciones su preocupación por los padres. Precisamente el suyo se manifestó con unas palabras que sin duda llenarán de orgullo al joven de RBD.

«Ahora soy su fan, su principal admirador»,[394] reconoció su padre en cierta ocasión.

Dicen los expertos que los padres y otras personas necesitan estar alerta a las señales de angustia de sus hijos gay, ya que la experiencia demuestra que los jóvenes homosexuales tienen una elevada incidencia de muertes por suicidio.[395]

¡Hasta qué punto Christian vivió asustado por su condición oculta de homosexual cuando confesaba tiempo atrás que «hay momentos en los que dices: "Dios mío ya, ya basta, basta, basta…". Fíjate que yo no entendía a la gente que se suicidaba, yo decía ¡qué cobardes! Pero cuando te empiezan a dar crisis, realmente las crisis eliminan toda tu parte positiva. Todo lo que ves está mal, no hay futuro, no hay una posibilidad».[396]

Es importante para los padres entender la orientación sexual de sus hijos y darles apoyo emocional. Son los padres los primeros que han de desterrar de sus mentes temores y miedos sociales aceptando la homosexualidad de su hijos.[397]

En el punto de mira

Lejos de los rumores iniciales que señalaban que Christian tras salir de *closet* o armario se iba a ir a vivir a otro país, el cantante no tiene la más mínima intención de hacer la maleta y abandonar su amado México. Allí cuenta con sus amigos y familiares y sus cinco «hermanos» de *Rebelde*.

Pero como en todo culebrón que se precie, no fueron necesarios muchos días para que la historia de amor entre Christian y su «marido» B.J. Murphy comenzara a adquirir tintes de enredo televisivo.

Con el titular «Aparece un tercero en discordia en el matrimonio de Christian»,[398] salta el escándalo tan sólo seis días después del comunicado enviado por él.

En el programa *Todo para la mujer* se anuncia que pudo existir una infidelidad en el momento de la boda. «Se habla de un reportero mexicano de Televisa, no quiero mencionar su nombre, pero todos le conocemos como "la Cuka", que tuvo un romance bastante fugaz e intrascendente con Christian Chávez»,[399] dijo Álex Kaffie, uno de los presentadores.

De ser ciertos esos rumores, en el matrimonio de Christian habrían sido tres las personas que compartirían el amor. Algún sector de la prensa pretendía incluir a ese periodista conocido como «la Cuka» en una turbia historia de infidelidades durante la época del matrimonio canadiense.

Algo difícil de aceptar a tenor de lo declarado por Christian en una entrevista a corazón abierto sobre su visión del amor y la pareja en la que le preguntaron qué es lo que no perdonaría a su pareja.

La respuesta de Christian fue tajante. «Yo no creo en el sexo sin amor. Aunque parezca medio raro, estoy en una etapa que busco estabilidad. Una estabilidad que no encuentro porque el trabajo no me deja espacio».[400]

La prioridad vital de Christian en estos momentos es su trabajo. Tras mostrarse al mundo como es, a corazón abierto, sin dobleces, sólo quiere disfrutar del sueño más dulce de su joven existencia. RBD lo es todo para él. Una carrera por la que está dispuesto a dejarse la piel en los escenarios.

«Creo que quienes acuden a nuestros conciertos se dan cuenta de que somos seis chavos que salimos al escenario a divertirnos, a entregar lo mejor de nosotros, a tratar de hacer bien lo que tanto nos gusta, de una forma espontánea, natural. Muchos jóvenes se identifican con nosotros quizás porque saben que somos rebeldes... con causa».[401]

Sólo hay que mirar detenidamente esos ojos color café durante unos segundos para darse cuenta de lo mucho que Christian ama RBD. Cuando acabó la serie *Rebelde* sintió una terrible tristeza que sólo pudo superar gracias a que el proyecto musical seguía adelante.

Pese a las intensas jornadas de trabajo y los constantes traslados de un país a otro, disfruta de cada uno de los minutos que comparte con Poncho, Christopher, Dulce, Maite y Anahí. Lo hace dejándose la piel en ello.

Sólo en una ocasión se ha visto obligado a separarse del grupo aunque fuera por unos días. Sucedió a finales de octubre de 2006, fecha en la que se publicó la noticia de que había sido hospitalizado durante cinco días por algo que supuestamente le añadieron a su bebida en un club de Miami.

Su estado de salud llegó a preocupar a los suyos y a los miles de fans que le adoran al enterarse de que un mes después se desmayó en el aeropuerto Jorge Chávez de Lima, Perú.

Muchos se preguntaron entonces si tal vez su estilo de vida era demasiado alocado e intenso.

Él, que se confiesa un chico tranquilo, quiso despejar las dudas: «A mí no me atraen las masas, las aglomeraciones, prefiero la tranquilidad... Me siento raro cuando veo a mucha gente animándome y gritando mi nombre».[402]

Echa de menos el anonimato que le permitía poder caminar por Coyoacán y sentarse tranquilamente a leer su libro favorito, *La carcajada del Gato*, en un banco del parque o frente a la iglesia. Este pequeño placer ya no se lo puede permitir.

Temeroso de la soledad y la muerte, Christian prefiere vivir el presente.

«Es muy difícil hacer planes para un futuro cuando estamos todo el tiempo ocupados ya sea grabando discos o haciendo giras. Ahora mismo regresamos de Brasil donde estuvimos en varias ciudades cantando y ofreciendo entrevistas, grabando el disco en español, inglés y portugués. Por eso no hay tiempo para hacer planes sobre el futuro, aunque claro que me encantaría seguir en la música, pero creo que la vida cambia muchísimo y lo único que queda es trabajar para que más adelante uno pueda tener una carrera».[403]

Obsesionado por la puntualidad y trabajador incansable, se esfuerza hasta la extenuación. Apasionado de los masajes, es muy común verle en un spa intentando recuperarse del enorme estrés que acumula.

Dicen algunos que la mejor terapia es el amor, pero dada su trepidante vida y el gran número de personas que se acercan a él, no resulta nada fácil discernir quién busca en ese contacto a la estrella y quién al auténtico Christian.

«El amor se vuelve muy complicado para nosotros, porque no sabes si la gente se acerca a ti por ser quien eres tú realmente o por lo que ve en televisión. Es verdad que tenemos acceso a muchas cosas y sí tenemos la atención de muchas personas, pero ¿quién de ellas ve realmente a Christian, Alfonso o Anahí y quién al artista de RBD o de *Rebelde*? Eso es lo difícil».[404]

Dice que a él se le seduce con una mirada, con una buena conversación, que tampoco son tantos los pretendientes que le persiguen...

Suponemos que se trata de un asunto de modestia.

Preguntado sobre las cualidades que ha de reunir ese hombre que «le enamore», destaca que no es el físico.

Por el contrario, subraya cualidades tan íntimas como la inteligencia, la seguridad y que sea divertido.

«Cuando inicio una relación me gusta dedicarme todo el tiempo, porque creo que es fundamental, pero ahora eso es imposible. Imagínate, dos meses aquí, un mes allá... ¿Quién puede aguantar eso? Tampoco me persiguen mucho, no creas. Lógicamente, conoces a muchísimas personas nuevas, pero creo que soy bastante perceptivo y calo bastante bien a ese tipo de gente que se puede acercar a mí por interés».[405]

Christian hace gala en cada una de sus entrevistas de tener «una cabeza muy bien amueblada», de saber distinguir los buenos amigos de los aduladores y de distinguir los cantos de sirena que podrían hacerle creer un dios por encima del bien y del mal.

Algo que le ha ayudado a mantenerse aferrado a la realidad, con seguridad, han sido sus padres. Los echa mucho de menos en sus giras mundiales y con ellos mantiene contacto constantemente por vía telefónica.

Christian admite que su paso por RBD le ha cambiado, que es otro chico muy distinto de aquel que un buen día aceptó el reto de participar en el reparto de la serie *Rebelde*. Admite que sería absurdo afirmar que sigue siendo el mismo, ni él ni sus compañeros.

«Difícilmente podría ser el mismo con tantísimas situaciones buenas que me han tocado vivir. Todo este aprendizaje ha sido... Auch se me pone la piel de gallina».[406]

Duro aprendizaje que les ha hecho tocar el cielo. Vuelan tan alto que mirar al suelo les produce un enorme vértigo. Algunos han querido ver en RBD el relevo de grupos mexicanos tan emblemáticos como Menudo o Timbirichi, pero ellos son otra cosa.

De la experiencia de esos ejemplos Christian ha podido sacar una moraleja: «La historia de otros grupos como el nuestro nos dice que la codicia personal los ha deshecho y al final se han quedado sin nada. Nosotros tenemos eso muy claro y luchamos por continuar juntos, unidos».[407]

Continuar unidos. Difícil reto, o tal vez no. Por lo pronto, la simple idea de ver salir a uno de los chicos y chicas del grupo parece no entrar en la mente de Christian. Viviría el asunto como una terrible pesadilla.

«¿Sustituir a alguno de los miembros de RBD? Es como los Reyes Magos: si falta cualquiera de ellos ¡ya no serían los Reyes Magos!».[408]

Como un regalo de Reyes Magos ha sido para Christian la oportunidad de formar parte de RBD. No fueron los Magos de Oriente los que se fijaron en él. La «estrella» que en vez de llevarlo a Belén lo condujo hacia el éxito fue Pedro Damián, el productor del grupo RBD. Fue él quien confió en las posibilidades de un Christian que, acomplejado y descontento con su aspecto físico, pensaba que su futuro artístico era muy improbable.

Pasados ya varios años, Pedro medita en las cualidades de Christian, sin duda uno de sus mayores orgullos profesionales: «Christian es el sensible, el apartado de alguna manera, el que de pronto consideraba que no era el más guapo... Es un chico con un sentido del humor cáustico, negro, divertido, pero al mismo tiempo también es como muy sensible, todo le puede afectar. Sin embargo, esa capacidad que tiene para reírse de las cosas eso le ayuda muchísimo a tener más control de su universo».[409]

Introvertido, sensible y un poco apartado. Así era Christian cuando llegó a RBD. Desde entonces han sido muchas las vivencias que le han sobrevenido. Algunas dulces, otras amargas.

De todas ha aprendido, se ha recuperado y ha levantado el vuelo. Y lo ha hecho gracias a su fortaleza interior, a su enorme capacidad para superarse y crecerse ante la adversidad.

Su familia ha sido un importante punto de apoyo. Sus compañeros de RBD han hecho el resto: Anahí, Poncho, Christopher, Dulce... y Maite, la reflexiva Maite.

Maite Perroni Beoriegui (Maite)

Nació el 9 de marzo de 1983 en México D.F., pero su vida ha transcurrido la mayor parte del tiempo en Guadalajara. Allí se trasladaron sus padres cuando comenzaba a dar los primeros pasos. Con apenas once meses la pequeña Maite vivía la primera mudanza de su vida. Un viaje que la llevaba junto al resto de la familia a la capital del estado de Jalisco.

Su padre, Javier Perroni, se desplazó a la ciudad por motivos de trabajo.

En su querida Guadalajara y en el seno de una familia a la que idolatra, Maite comenzó a tener sus primeras experiencias.

«Mi familia es mi mayor tesoro. Es el mejor lugar donde pude haber crecido»,[410] afirma Maite presumiendo de la unidad familiar en la que ha crecido.

Su infancia fue según ella uno de los periodos más felices de su vida. A ello contribuyó el crecer dentro del seno de una familia muy unida y sus dos grandes pasiones: el patinaje y el ciclismo.

Como cualquier niña de su edad comenzó los estudios escolares habituales en un colegio de Guadalajara, pero desde pequeña apuntaba maneras en aquello de la interpretación y soñaba con ser presentadora de televisión. Para ello contó con la complicidad de su querida abuela.

Apenas tenía tres años cuando su privilegiada situación de hija única se la arrebataba un niño llorón llamado Adolfo, su primer hermano, al que adora y con el que está estrechamente unida. Entre juegos, alguna que otra pelea y montones de trastadas crecieron los dos hermanos Perroni.

Una convivencia de veinticuatro horas cargada de anécdotas infantiles.

Maite aún recuerda las dulces meriendas con su hermano, tardes ricas en chocolate... Una pasión dulce que arrastra hasta su madurez actual.

La pequeña Maite tuvo que dejar los juegos de hogar para comenzar a asistir al colegio. Pese a haber sido buena estudiante, aquellos primeros días supusieron un cambio importante en su vida. En clase dejaba claro que odiaba la asignatura de física y demostraba interés por la historia y el baile.

Una atracción por la danza que llega hasta nuestros días. No hay más que ir a un concierto de RBD para ver cómo mueve su cuerpo en lo alto del escenario... En su época escolar participó en la puesta en escena de *Cats*, *Cyrano de Bergerac* y participó durante dos años seguidos en la Intercolegial de Baile.

Sus inicios frente a una cámara llegaron pronto, a la

temprana edad de ocho años, cuando fue seleccionada para protagonizar un anuncio de «Pelón pelo rico».

Así asomaba su carita de ángel por primera vez ante todo México. Nadie en su familia se podía imaginar que aquello que para la pequeña Maite fue como un juego infantil se convertiría en el primer peldaño de una carrera que años después la ha llevado a un éxito inimaginable.

Encantada de la experiencia ante las cámaras, Maite recuperó ese placer de sentirse por unos días la protagonista de la vida familiar acaparando todas las miradas de los Perroni. Un «reinado» que resultó ser corto y breve: su madre se había quedado de nuevo embarazada y meses después venía al mundo el pequeño Francisco.

A sus nueve años, Maite cambiaba los juegos de muñecas por los meticulosos cuidados a su recién estrenado hermano. Se incorporaba a su vida el menor los Perroni Beoriegui, una familia de la que la guapa RBD se enorgullece y a la que echa mucho de menos en sus largas giras.

Con once años una nueva experiencia profesional la volvía a colocar frente a los objetivos de las cámaras. Un anuncio publicitario utilizaba su imagen infantil para una conocida marca de pinturas.

Por aquella época Maite estaba tan contenta y tan segura de sí misma, que en un arrebato de autosuficiencia infantil protagonizó la mayor trastada que ha cometido en su vida, dándoles a sus padres un disgusto que todavía recuerdan.

Según ha contado ella misma, con tan sólo doce años agarró las llaves del coche familiar y ni corta ni perezosa invitó a su hermano a salir a dar un paseo. La estampa de los dos pequeños a los que casi no se veía conduciendo el automóvil dejó sin palabras a más de un viandante.

¡La cara que se les tuvo que quedar a los propietarios de la tienda a la que se fueron de compras al ver llegar a los dos diminutos clientes conduciendo el coche! La bronca paterna que vino después aún resuena en la cabeza de Maite y su hermano...

Eso sí, su pasión automovilística la conserva hasta la actualidad. El primer lujo que se permitió con sus jugosos ingresos de RBD fue comprarse un cochazo con el que se paseaba encantada por su ciudad.

Con quince años, da los pasos definitivos para encauzar su carrera artística. Apasionada por el cine, en especial de las películas dramáticas, Mai soñaba con verse protagonizando una de esas películas que tanto le gustan.

La morena de RBD debutó en 1998 como actriz de teatro experimental en un ciclo que duró cuatro años durante los cuales aprendió a desenvolverse con naturalidad ante el público.

El paso definitivo para ser quien es se produjo con la llegada del nuevo milenio. En el año 2000 comienza sus estudios en el Centro de Estudios Artísticos (CEA) y durante dos años, desde los diecisiete a los diecinueve, se convierte en una de las alumnas más prometedoras.

«Yo me acuerdo que la primera vez que yo fui al CEA llegué y les dije que yo quería ser presentadora».[411]

Increíble pero cierto. Maite se presentó en la academia más importante de artistas de México diciendo que quería ser presentadora.

¡La cara que se le debió quedar a la persona que la atendió!

«Me dijeron, perdón chiquita, aquí damos clases de actuación».[412]

Sin buen pie entró Maite en el CEA. Sus sueños de convertirse en presentadora de televisión se venían abajo al pisar el centro de estudios.

«Yo les dije: bueno está bien. Y acepté entrar a estudiar actuación. Estuve allá dos años y medio».[413]

La inocencia de Lupita

En 2004 llega el momento clave de su vida: su incorporación al reparto de la serie *Rebelde*. Sin experiencia previa, su primer trabajo la catapulta directamente a la fama... ¡Eso sí que es suerte!

Pedro Damián, el productor de series juveniles, se fijó en ella para que interpretara el personaje de Lupita, una adolescente cuya personalidad cautivó rápidamente a Maite.

«Lupita es una chica con la que me identifico muchísimo y eso hace que yo me desenvuelva mejor»,[414] ha destacado Maite.

Puesta a destacar las cualidades de su papel en *Rebelde*, la actriz admira en Lupita su «sencillez, cariño, simpatía, humildad y respeto hacia los demás».[415] Estas cualidades son rasgos que Maite comparte en gran manera con su yo de la ficción, al menos así lo destacan aquellos que la conocen bien, entre ellos Pedro Damián.

«Maite es una niña que cuando llegó al grupo le costó trabajo —confiesa el productor de Televisa—, pero tiene esa virtud de conciliar, de siempre estar sonriendo, de disfrutar cada instante de la vida y eso es muy positivo».[416]

Como Lupita, Maite se siente rebelde y sensible a la vez. Su carácter a veces explosivo e intenso ha sido dulcificado gracias a la influencia de la chica del Elite Way School, que ha contribuido en gran manera a moderar la temperamental personalidad de la Perroni.

«Lupita es un personaje demasiado noble —señala Maite entre carcajadas— y me enseñó a bajar mis neurosis».[417]

Puesta a buscar lo mejor de su personaje en *Rebelde*, se fija en la ingenuidad de la soñadora Lupita.

«Siempre está pendiente de los demás y es muy solidaria»,[418] remarca Maite. También destaca el espíritu de entrega de su personaje. Una joven que pese a sus miedos naturales de la juventud arriesga tanto como sea necesario para defender a sus compañeros y amigos.

«Siempre mira por sus amigas, no le importa arriesgarse».[419]

Tras dos años dando vida a su papel en *Rebelde*, ha tenido mucho tiempo para reflexionar sobre la vida y sobre las cosas que debe y no debe hacer. Lupita ha sido un buen espejo en el que mirarse para descubrir esas cualidades que, a veces positivas y otras negativas, forman parte de su carácter. A diferencia de su personaje, «jamás permitiría que me hagan sentir inferior a los demás —destaca Maite con convicción—. Yo misma me doy mi lugar y hago que me respeten. A veces ella no».[420]

La Perroni sabe lo importante que es que los demás la respeten, que nadie la humille o subestime en público. Algo en lo que su personaje a veces falla y la lleva a serios conflictos de autoestima.

La actriz se niega a sufrir en el amor, algo que Lupita acostumbraba a hacer en la serie *Rebelde*.

«Lupita sufre mucho por amor, porque se cree que vive en un cuento de hadas»,[421] reflexiona Maite sorprendida por la ingenuidad de su personaje que en la serie vive un apasionado romance con Nico.

«De repente se da cuenta de que las relaciones no son fáciles, pero ella quiere que todo sea bonito, que haya besos, abrazos».[422]

Señala la actriz que a estas alturas de su vida ya sabe que la vida no es un cuento de príncipes azules con final feliz.

En el amor, lo tiene claro. Mucho más realista que Lupita, sabe que con cupido «hay que tener muy claro lo que se quiere y lo que está pasando, pero a la vez disfrutar al máximo de los sentimientos».[423]

Aunque la vida ha sido generosa con ella en asuntos de amor, ha aprendido en su propia carne que las historias no acaban siempre con aquello de «fueron felices y comieron perdices». Discreta hasta límites insospechados y protectora de su intimidad como su mayor tesoro, no quiere dar demasiadas pistas de sus penas de amor aunque no niega haber sufrido ante el desencanto de una relación fracasada.

Esto le resulta aún más doloroso cuando es sometido a juicio y unos y otros opinan públicamente.

«A mí me dio mucho coraje cuando la gente empezó a opinar sobre una relación que yo había tenido en mi vida —confiesa con dolor Maite negándose a desvelar la identidad de ese hombre al que amó—. Fue una historia muy linda, y la gente se sintió con todo el derecho a opinar y decir cómo fue todo, cuando ni siquiera lo sabían. Es muy feo porque hablan mal de ti, se meten con personas a las que quieres y también lastiman a terceras, como tu familia, tus amigos…».[424]

La madurez y su propia experiencia vital le han enseñado que nadie va a defender sus intereses mejor que ella misma, que no se puede permitir que nadie te coma el terreno en esta sociedad tan competitiva que le ha tocado vivir. Nadie le ha regalado nada de lo que ha conseguido hasta ahora y está dispuesta a plantar cara a todos aquellos que, como a Lupita, intenten humillarla en su amor propio.

«Tengo un carácter muy fuerte —presume Maite—. Gracias a Lupita he descubierto que a veces el don de la prudencia es muy importante, porque a veces es mejor callarse. Aunque yo no lo aplico mucho».[425]

Con esa honestidad que la caracteriza, asume Maite su escasa paciencia y la facilidad con la que da rienda suelta a su fuerte carácter en situaciones en las que es mejor callarse.

Las lenguas de doble filo empezaron a difundir el rumor de que las relaciones entre las chicas de RBD, Anahí, Dulce y Maite, era un avispero. Aseguraban algunos con maldad que las tres guapas «rebeldes» estaban a la gresca en los platós de televisión.

Maite intentó quitar leña al fuego de los rumores afirmando que Dulce, la pelirroja de RBD, es «una chica increíble. Es muy bueno conocerla porque puedes contar con ella y es auténtica».[426]

Iguales palabras de cariño tuvo para la rubia Anahí, a la que definió como «una amiga muy importante y especial a la que he querido mucho aunque es cierto que las dos somos de mucho carácter. Si nos enojamos, nos enojamos, pero ahí estamos siempre… Han sido tantas experiencias juntas».[427]

Pese a sus conciliadoras palabras, pocos aceptaron esa versión idílica dada por Maite, que presentaba la convivencia de las guapas de RBD como un remanso de paz.

Por mucho que quiera negarlo, la realidad es que su relación con Anahí ha sido durante algunas épocas especialmente tensa. Maite se ha visto obligada a reconocerlo finalmente y admitir que al principio de su relación los enfrentamientos sí se produjeron. Fueron muchas las ocasiones en las que la rubia y la morena de RBD discutieron acaloradamente retirándose el saludo en múltiples ocasiones. Lo cierto es que no se soportaban. Malos rollos que provocaban tensas situaciones durante los rodajes de la serie y en las primeras grabaciones musicales.

«Al principio no nos caíamos nada bien. Es cierto, no nos soportábamos»,[428] ha reconocido y confirmado Maite.

Enfrentamientos acalorados entre las dos divas que, según ellas, ya son cosa del pasado. Afortunadamente para los fans de RBD, las fisuras entra ambas están aparentemente más que cerradas. Sirva como ejemplo que lo habitual es poder contemplarlas codo con codo, compartiendo confidencias y asientos en los traslados en autobús del grupo. Como dos buenas amigas, juegan y se divierten en los largos desplazamientos, bromeando incluso, con las fotos que ofrecen las revistas de ambas abrazadas a todas horas. Instantáneas en torno a las que se han levantados los chismes más absurdos que ambas han escuchado hasta el momento. «En todas las fotos, aunque no nos lo planteemos siempre salimos nosotras pegadas»,[429] bromean las dos, abrazadas en el autobús.

Si hay una circunstancia en la que se aprecia especialmente su buena sintonía es en los conciertos. En esos momentos en los que los nervios están a flor de piel es cuando más complicado se le hace a Maite mantener la calma ante el carácter a veces indeciso de su compañera de grupo.

Sirva como ejemplo los instantes vividos en los previos a una de las actuaciones de RBD.

Las circunstancias eran las siguientes: pese a que hacía ya un buen rato que Maite y sus compañeros aguardaban nerviosos el momento de salir en dirección al concierto, Anahí no aparecía, provocando un retraso considerable. Mientras la rubia de RBD se debatía indecisa en su cuarto cuestionándose el modelito que iba a lucir esa noche, el resto de RBD se desesperaba viendo cómo los minutos pasaban sin que decidiera cuál de los siete conjuntos de vestuario se iba a poner. Cuando Maite y sus compañeros golpearon la puerta de la habitación de Anahí, se la encontraron a medio vestir y debatiéndose indecisa sobre cuál de los collares resultaría más fashion...

En otro momento, hace unos años, aquello podría haber supuesto un agrio enfrentamiento entre Maite y Anahí. En esta ocasión, y como prueba de la buena relación entre ambas, Maite demostró esa paciencia que a veces resulta necesaria para poder ser amiga de Anahí.

La Perroni soportó pacientemente los lamentos de su compañera mientras se terminaba de maquillar en el ascensor. «Siempre soy la última, carajo»,[430] admitió Anahí a su amiga Maite.

Lejos de reprochárselo, Maite sonrió cuando entraban en el coche camino del concierto.

Junto a ellas estaba Dulce, la otra RBD. Como el resto, bromeaba camino del concierto dando buen rollo a todo el grupo, una cualidad que siempre ha destacado en ella.

«Dulce es una chava muy increíble, es muy alegre —comenta Maite orgullosa de contar con la pelirroja como compañera de equipo en RBD—. Es muy padre tenerla cerca de mí. Conocerla te da mucha energía, además ella siempre te ayuda mucho. En esos momentos en los que quieres estar tranquila, relajada y feliz, puedes contar con ella. Es auténtica».[431]

La situación que acabamos de mencionar se produjo en una de las actuaciones del grupo en México, pero la bomba RBD causa estragos y se extiende muy lejos de su tierra natal, a miles de kilómetros.

En concierto: Colombia, Chile y Venezuela

Sirva como ejemplo el tremendo impacto que el grupo tiene en Colombia, donde dieron su primer concierto internacional en octubre de 2005. En aquel año, la banda mexicana fue calificada como el principal fenómeno musical de Colombia por la revista especializada *Eskpe*.

Durante más de dos meses los primeros puestos de las listas de éxitos del país eran copados por la sintonía de *Rebelde*. Un fenómeno definido por muchos como próximo al fanatismo.

Los datos de audiencia de la serie alcanzaban en Colombia cuotas de pantalla que batían récords, llegando a niveles superiores al 36 por ciento.

La gira de Maite y los chicos de *Rebelde* generó, según la prensa local,[432] una «locura colectiva» entre los miles de jóvenes que buscaban desesperados los autógrafos de sus ídolos.

Meses después, RBD regresaba al país. Les aguardaba una gira por las ciudades más importantes. Su primera cita fue en Medellín. «Vamos al concierto con muchas ganas de darles todo porque nos recibieron increíblemente bien. Nos llenaron de pulseras de Colombia, de dulces típicos, de bufandas. Todo lo que tenía que ver con Colombia nos lo regalaron. La gente se portó súper cálida. Fue una sorpresa muy linda»,[433] confesó emocionada Maite.

Maite y el grupo vivían los momentos previos a su salida al escenario en Medellín. Les aguardaban más de 30.000 personas dispuestas a enloquecer al ritmo de sus canciones. Ante tal volumen de público fue necesaria la intervención del ejército para evitar que se produjeran situaciones de riesgo. Maite manifestó a voz en grito su amor por el pueblo colombiano, que respondió con enorme cariño a sus manifestaciones de entrega en el escenario.

Pero lo más fuerte estaba por llegar.

Tras recoger el doble disco de platino por sus ventas del trabajo *Nuestro amor*, Maite y compañía se dirigieron a un nuevo escenario colombiano. Su destino era Cali. Allí los fans cortaron la carretera para poder ver más de cerca a su grupo favorito.

A la llegada al hotel Maite no daba crédito a lo que contemplaban sus ojos. El hotel estaba literalmente «tomado» por fans de todas las edades que casi no les permitían acceder al interior.

En su primera salida internacional, en un país hasta entonces extraño, los jóvenes lloraban al ver su rostro y gritaban emocionados su nombre.

Jamás olvidará la sensación que le produjo saltar al escenario y ver frente a ella a más de 55.000 personas cantando sus canciones.

Entre tanta expectación pronto se produjeron las escenas típicas de locura colectiva que caracterizan cada una de sus salidas internacionales: chicas desmayadas, nervios, gritos...[434]

Un éxito ante el que resulta difícil no volverse un poco loco, endiosarse...

Una vivencia que ha hecho a otros cantantes alejarse de la realidad, pero que no ha causado mella en RBD. Al menos así lo ve Maite.

«Mucha gente se extraña de que siendo todos tan distintos, en un ambiente tan difícil y habiendo tantos egos de por medio, hayamos mantenido esta unión. Aquí, o somos todos o ninguno»,[435] enfatiza entre risas, gritos y aplausos de sus compañeros.

Con ese espíritu de seguir siendo ellos mismos y no sucumbir ante un ataque de ego que les hiciera comportarse como divos, RBD continuó aquella gira de 2005 por tierras colombianas. Su último concierto fue el de Bogotá. Una vez más RBD arrasaba ante miles de fans entregados. Ni tan siquiera la lluvia, que hizo acto de presencia, consiguió mermar la entrega de sus seguidores. Incluso la madre de Anahí se desplazó para disfrutar del éxito del grupo en aquellas tierras. La pasión del público fue tan grande que se llegó a temer que pudiera ocurrir algún terrible percance. Por ello, Pedro Damián pidió a la gente que no se agolpara para evitar que alguien pudiera resultar herido.[436]

En Colombia Maite pudo oír por primera vez el que sería su segundo trabajo en RBD. Obligada como el resto de sus compañeros a permanecer en la habitación del hotel durante la mayor parte de su estancia, la Perroni y sus compañeros escucharon por vez primera sus nuevos temas y brindaron por el éxito de su nuevo trabajo. Maite jamás olvidará el cariño recibido por los miles de fans de Bogotá que aguardaban pacientemente su salida del hotel esperando ansiosos para que les firmaran autógrafos.[437]

Firmas estampadas en sitios tan insospechados como una camiseta o unas zapatillas... Todo les valía a sus seguidores para llevarse un recuerdo de sus ídolos.[438]

La histeria colectiva alcanzó su punto álgido cuando se hubo de cortar una de las calles más importantes, la 94.[439]

«Estuvo impresionante —confesó Anahí impactada—. Parecíamos estrellotas... Yo dije soy Luis Miguel por un día. Ja, ja, ja».[440]

Maite recuerda con emoción aquella primera gira por Colombia. Su compañero Christopher también: «Es la primera vez que íbamos a Colombia y nos lo pasamos muy bien, y el público ahí sí está impresionante. Es otra costumbre totalmente, pero el público sí era de locura».[441]

Tras el éxito de Colombia, Maite supo que algo había cambiado para siempre en su vida. Nunca volvería a ser la misma. La fama internacional del grupo era imparable. Su existencia, al igual que la del resto de los RBD, era desde ese momento algo que interesaba a millones de jóvenes del mundo, más allá de las fronteras de su México natal.

¿Fragmentaría esa explosión mundial la unidad del grupo? ¿Sucumbirá alguno de sus compañeros al sueño de volar solo alejándose de RBD?

Para Maite, sus compañeros son su debilidad, casi como si fueran sus hermanos. «Hemos tenidos tantos días de convivencia y tantas experiencias juntos, que hemos hecho una familia», reconoce sensatamente.

«Yo creo que al final todos somos jóvenes con sueños, con ilusiones. Durante nuestros conciertos nos gusta comunicarnos con la gente y enviarles mensajes positivos. Como jóvenes podemos divertirnos, pasar un buen rato, pero a la vez tener muy claro lo que queremos en la vida, y hay que prepararse y luchar para alcanzar nuestras metas».[442]

Dentro del grupo, cada uno de sus componentes ha aportado algo distinto a la vida de Maite. Para ella es difícil señalar a uno de ellos como su favorito. Asegura que cada uno es como una estrella con una cualidad distinta que le hace brillar con luz propia y distinta a la del resto. Dicho eso, cabe destacar la visión que la morena de RBD tiene de los distintos componentes del grupo.

De Christian destaca que es alguien entrañable a quien «apapachar» y estrujar entre los brazos por el enorme cariño que desprende hacia el resto.

«Es un amigo incondicional, lo adoro —sostiene emocionada—. Siempre está ahí, pendiente de que todo esté bien. Me siento protegida por él y se lo agradezco porque a veces se necesita un abrazo amigo».[443]

Ese apoyo de amigo que está en los momentos difíciles se le hizo a Maite especialmente necesario durante su gira por Perú durante noviembre de 2006. Un desafortunado error hizo que su público la abucheara al confundir en sus saludos a Perú con Chile, dos países con problemas fronterizos. Ocurrió en Lima el 8 de noviembre. Tres días antes habían estado actuando en Chile, y un terrible despiste hizo que Maite cometiera el mayor error de su carrera musical. Dedicó unas palabras a los ocho mil peruanos allí concentrados, confundiéndose en el saludo: «Ustedes son el séptimo RBD, arriba Chile».[444]

Los pitidos empezaron a resonar de un lado a otro en el Estadio Monumental.

No es para menos, ya que los dos países fronterizos mantienen algunas disputas desde hace tiempo y sus relaciones son bastante tensas. Por ese mismo motivo la equivocación adquirió un tinte mucho más dramático. Tan pronto como fue consciente del error, Maite pidió disculpas al público peruano. El escándalo traspasó fronteras llegando incluso a su México natal donde el diario *Reforma* le preguntó sobre el asunto y ella justificó su lamentable error en «el enorme cansancio que arrastraba debido a su apretada agenda de un lado para otro de Latinoamérica».[445]

Afortunadamente, el público peruano pudo entenderlo y así se lo ha demostrado en posteriores visitas al país andino.

«Si se pudiera regresar en el tiempo, me gustaría poder cambiar ese lapsus»,[446] dijo entristecida Maite recientemente.

«Tenemos una vida con una actividad constante, en la que estás un día en Chile, otro en Brasil. Nosotros tuvimos tres presentaciones en Chile y al otro día estábamos en Perú y me quedé "switchada" (atontada)».[447]

La explicación a tan lamentable despiste de Maite puede estar en que RBD aterrizaba en Perú después de varios conciertos por la geografía chilena, un país donde sus seguidores los idolatran.

Prueba de ello es la pasión con la que fueron recibidos en enero de 2007 cuando Maite y el resto de RBD volvieron a Chile para realizar una gira de cuatro días por Iquique, Coquimbo, Concepción y Viña del Mar, con una asistencia de más de 30.000 fans. En esa fecha recogieron también en Chile un disco de platino por sus ventas del disco *Celestial*.

En el concierto de Iquique se juntaron cerca de 10.000 adolescentes en el Estadio Tierra de Campeones. Todo un exitazo. Los periódicos chilenos destacaron que el concierto fue brillante y que con canciones como *Sálvame* o *Quédate en silencio*, los RBD provocaron la locura en el público.

Fue el mensaje antibelicista de los mexicanos lo que impacto a la prensa local.

Convertida ya en un icono para los chilenos, Maite se niega a dejarse llevar por el éxito del momento.

«La fama, si tú te la crees, pierdes. Porque a fin de cuentas tienes que entender que ésta es una profesión como cualquier otra. Ya que cuando sales del concierto o de una sesión de fotos, cuando vas a tu casa, eres una persona normal. Cuando tienes tu espacio estás bien, pero si te la crees ya quedas en ese espacio en donde la cabeza te hace hacer cosas diferentes».[448]

En las declaraciones anteriores queda patente la actitud sencilla y humilde con la que Maite asume el éxito que les acompaña en cada una de sus visitas a Chile. Un reconocimiento internacional que les ha llevado a ser los protagonistas de eventos de relevancia tan grande como la elección de Miss Universo 2007.

Fueron ellos los elegidos para poner música a tan importante acontecimiento interpretando algunos de sus temas de *Rebels*. Las mujeres más bellas del planeta desfilaron al ritmo de canciones como *Money, money, Cariño mío* y *Wanna play*. Las chicas de RBD brillaron y lucieron en esta ocasión tanto como las misses allí presentes. Eso sí, destacar que esa noche sus compañeros de grupo sólo tenían ojos para las participantes, en especial para la japonesa ganadora, Riyo Mori, que pareció encandilar muy mucho a Christopher.

Precisamente de Christopher, el más joven del grupo, Maite destaca el buen humor, la risa y la broma como rasgos de su carácter. Unas cualidades que sirven en numerosas ocasiones para rebajar tensiones.

«Me da muchísima risa, me divierto mucho con él. Siempre tiene algo que decir, algo que comentar. Pero lo mejor es que él se lo cree. Lo que está diciendo te lo dice por convicción. Si te vendiera un chocolate de pepino se lo comprarías».[449]

Si por Christopher siente cariño, por Poncho siente debilidad. Del guapo oficial de grupo Maite señala su enorme sentido de la amistad. Ponchito, su «ardillita reina» como ella dice, es «una persona súper importante porque, cuando quiero echar mis rollos filosóficos —bromea Maite—, es el único que me entiende. Es una persona de la que he aprendido muchísimo porque cuando entré en la novela, fue un compañero increíble que siempre me estuvo apoyando y echándome una mano... Es un excelente amigo. Es el mediador del grupo, siempre está equilibrándonos para ser el eje de todos».[450]

Con esa admiración habla Maite de su amigo Poncho, ejemplo claro del equilibrio necesario para enfrentarse a los enormes retos que rodean al grupo.

Ese saber mantener el equilibrio se vio especialmente sometido a prueba durante la gira por Venezuela. Fue allí donde la «rebeldemanía» con su Tour Generación tuvo que demostrar que su música está por encima de obstáculos políticos.

Durante días se habló de una posible cancelación de los conciertos del grupo debido a una crisis entre los dirigentes de México y los del país mencionado. Los dos países mantenían durante la gira un tenso enfrentamiento diplomático entre sus presidentes Vicente Fox y Hugo Chávez, y había un ambiente enrarecido entre los embajadores de la Ciudad de México y Caracas. Los RBD se enfrentaron a la situación dejando claro que para Maite y sus amigos la política no es algo en lo que se quieran ver implicados.

Así es como los chicos de RBD rompieron las tensiones políticas llenando con su música los estadios donde actuaron. El Poliedro de Caracas y el Fórum de Valencia vibraron como nunca antes con las canciones de Maite y compañía. Como muestra de su cariño a los venezolanos, los «rebeldes» pasearon la bandera del país en el escenario al tiempo que manifestaban que la hermandad de RBD con su público estaba por encima de las diferencias políticas.

Belleza rebelde

Maite es para muchos de sus fans la más sexy de las chicas de RBD. Elegida como una de las diez chicas más guapas de México, es objeto de deseo para miles de hombres.

A pesar de su enorme tirón sexual ella se ve como una chica más y así lo hace saber a todo el mundo.

«Me siento bien al saber que la gente piensa eso, pero si buscan bien, se van a dar cuenta de que existen chicas más bellas»,[451] expresó honestamente la guapa cantante de RBD.

Ése es su punto de vista. Algo muy distinto y diferente es lo que la mayoría de los hombres piensan de ella. Las revistas masculinas se fijaron enseguida en el escultural cuerpo de la morena e insistían en convencerla para que posara ante los objetivos de sus cámaras.

Tras varias tentadoras ofertas Maite accede a posar en la revista mexicana *H*.

En marzo de 2006 Maite muestra su cuerpazo tras un bañador sexy de dos piezas en la portada de la revista. Los ejemplares se venden con rapidez en los quioscos del país.

El reportaje consta de quince sensuales fotografías tomadas en los evocadores escenarios del Caribe mexicano bajo el título de «Una rebelde de tierna belleza».[452]

La temida y negativa reacción de sus fans ante las fotografías no se produjo. Lejos de ello, centenares de seguidores de RBD le manifestaron su apoyo congregándose en el complejo comercial de Cuicuilco con la revista en sus manos con el único fin de que su idolatrada cantante estampara su firma y les dedicara la revista.

«Sé que hay más de dos mil personas y voy a estar aquí hasta terminar con todos, es gente que me apoya en lo que me gusta hacer y eso no tiene precio»,[453] señaló emocionada al ver la enorme paciencia que habían tenido sus seguidores.

Algunos llevaban horas esperando para poder obtener su copia firmada, llegando al lugar a última hora de la madrugada y aguardando durante parte de la tarde. La cantante confesó sentirse superada ante tal grado de devoción. «Soy una persona como cualquier otra, con cualidades y defectos, auténtica, que busca siempre lo positivo de la vida».[454]

En declaraciones a los medios de comunicación, la cantante reconoció que había aceptado posar para la revista porque desde el principio había quedado claro que la imagen que se iba a dar de ella sería respetuosa con su imagen de adolescente.

«Tanto el objetivo de la revista como el mío fue cuidar mi imagen. Creo que fue una sesión bien lograda sin caer en lo vulgar, aunque de pronto el propósito fue estar más sensual»,[455] dijo la actriz de *Rebelde* despejando todo tipo de dudas sobre si se la podría ver en un futuro más ligera de ropa.

La prensa anuncia a bombo y platillo el interés de la revista *Play Boy* por Maite. Una propuesta arriesgada que hacía soñar con una Maite mucho más caliente y ligera de ropa. Ella no negó la posibilidad de posar...

«No sé lo que puede pasar en un futuro».[456] Tal vez fue ése el motivo por el que se negó a posar para la revista *Play Boy*. En esta revista las chicas van más ligeras de ropa de lo que Maite y sus compañeras de RBD están dispuestas a mostrar.

«No quisimos aceptar porque esto no va dentro de las aspiraciones de nosotras. Sobre todo porque hemos defendido tanto lo que es la familia... Que esto no forma parte de lo que es RBD ni de nuestra forma de pensar. Y no vendría con la esencia del grupo, que son seis chavos que somos auténticos y que hemos luchado por lo que somos y compartirlo con el público».[457]

En la firma multitudinaria de autógrafos de la revista *H*, Maite salió al paso de uno de los rumores que pesaban sobre su persona por aquel entonces. En algunos programas de cotilleos se daba por sentado que la actriz se iba a casar en breve con su novio Guido, quien ya le habría regalado a la RBD un fantástico anillo de compromiso.

«Estoy empezando mi carrera —respondió Maite a las preguntas de los periodistas que veían boda a corto plazo—. Quiero seguir formando este camino y el matrimonio va a llegar pero en su momento más prudente, tengo mucho que recorrer aún con RBD».[458]

El hombre de su vida

Su noviazgo con Guido Laris, el director musical del grupo RBD, ha llenado montones de horas en programas de televisión e innumerables páginas de revistas y periódicos mexicanos.

«Estoy muy contenta con Guido, pero actualmente vivo en la casa de mis papás»,[459] aclaró Maite a los periodistas, que pensaban que vivían juntos.

Se iniciaba un romance que siempre ha estado salpicado de constantes chismes y desmentidos. Al principio eran pocos los que apostaban porque el romance fuera duradero, dada la inestabilidad que caracteriza los noviazgos dentro del mundo artístico. Los que veían en esta relación sólo «el sueño de una noche de verano», han tenido que morderse la lengua, ya que su historia de amor se inició a mediados del año 2005 y a la hora de escribirse este libro aún perdura en el tiempo.

«Guido es mi novio, estoy muy contenta, llevamos una relación muy linda de mucho tiempo pero yo estoy con muchos proyectos con el grupo».

Pero en enero de 2007 los chismes alcanzaron dimensiones insospechadas. Agobiada ante las noticias que hablaban de una boda a escondidas, Maite negó haber protagonizado semejante asunto ante los micros de un conocido programa de televisión: «No estoy casada, no he comprado casas de millones de pesos —bromeó la cantante señalando la noticia como un falso rumor—. Espero algún día, pero todavía no. Vivo con mis papás y estoy muy enamorada».[460]

Una decisión, la de la boda, un tanto complicada dado el intenso momento laboral en el que se encuentra. Hay quien dice que para Maite el matrimonio es un simple papel. Lo verdaderamente importante es el amor que siente por su chico. Aun así, los rumores de boda no han dejado de acaparar portadas en todo este tiempo.

Poco duró la calma en su relación de cara a los periodistas. Apenas tres meses después de haber salido al paso de los rumores de su supuesta boda secreta, un nuevo rumor aparecía en el mercado de los chismes.

¿Estaba Maite embarazada?

Unas imágenes de ella un poquito más llenita de lo habitual, unidas a los entrañables juegos de la cantante y su novio Guido con uno de sus sobrinos en lo que algunos interpretaron como una bonita y premonitoria estampa familiar, desataron la lengua de algunos.

¿Estarían esperando un bebé y por ello se comportaban con el pequeño como si fueran sus padres? ¿Escondía la ropa un poco más ajustada que en otras ocasiones un embarazo de la RBD?

Lo que podría haberse aclarado con una simple pregunta a Maite se hizo una bola de nieve que alcanzaba dimensiones cada vez más desproporcionadas... Al final, una vez más, la cantante desmontó la mentira.

«Yo ya me enteré de que estaba embarazada y yo no sabía nada. Cuando me enteré dije, ah pues que me avisen los que lo saben», bromeó en abril de 2007.

«A mí ya me han querido embarazar como treinta mil veces —añadió poniéndose esta vez mucho más seria—. Yo ya les dije: mejor hubieran dicho que el jamón serrano y las tapas me cayeron muy bien... Pero embarazada todavía no».[461]

Todo parece indicar que tendrá que transcurrir mucho tiempo hasta que veamos a Maite enfrentándose al reto del matrimonio y de la maternidad. La imagen de un bebé en brazos de la cantante de RBD tendrá que esperar.

De momento, su cariño y sus besos «maternales» los proyectará en sus sobrinos a los que adora, y por qué no, también en los niños a los que con la Fundación RBD Maite y sus compañeros piensan ayudar en distintas partes del mundo.

«El hecho de que tantos jóvenes se identifiquen con nosotros nos permite a la vez ayudar a otras personas. De hecho, RBD acaba de crear la Fundación Sálvame para ayudar a los niños de la calle, que trabajará, de momento, en México, España y Brasil, en conjunto con fundaciones locales que luchen por lo mismo. Creo que es una forma de regresar todo lo que se nos ha dado y colaborar con la gente que lo necesita».[462]

Niños y niñas que quizá puedan contar entre sus juguetes con unas muñecas muy, pero que muy particulares: «las Barbies rebeldes».

Por increíble que parezca, el impacto del fenómeno de *Rebelde* ha alcanzado tales dimensiones que la empresa que fabrica las muñecas Barbie ha sacado al mercado las reproducciones de Maite y sus compañeras Anahí y Dulce de la serie *Rebelde*.

Las RBD pueden presumir de ser las primeras aztecas que prestan su imagen a las prestigiosas muñecas. Dicen que durante más de siete meses trabajaron en el diseño de las curvilíneas Barbies. Ahora, miles de niñas juegan con sus Mías, Robertas y Lupitas.

La sorprendente idea alegró a las tres «rebeldes», pero especialmente a Maite que al parecer es coleccionista de Barbie. Afirmó al verse reproducida en tan simbólica muñeca que «la Barbie es un icono de la cultura pop con más de cien profesiones y que ha sido una muñeca que ha inspirado a las niñas a ser lo que ellas quieren ser hoy en día».[463]

Precisamente por ese cuerpo que Maite tiene tan próximo al de una Barbie de carne y hueso, le surgieron recientemente algunas críticas cargadas de cierta envidia. La actriz Belinda se manifestó en un programa de televisión diciendo que el motivo por el que Pedro Damián no la consideraba suficientemente carismática como para protagonizar algún papel en su telenovela era debido a que no enseñaba su anatomía como las integrantes de RBD. Pese a que aparentemente Belinda admitía que Maite y sus compañeras lo hacían bien y eran preciosas, lanzaba un dardo envenenado diciendo que lo que hacían las chicas RBD no era su estilo.

Los comentarios llegaron a oídos de Maite que bastante molesta contestó a Belinda en los siguientes términos: «Yo respeto sus comentarios, no puedo hablar mal de lo que me está pasando afortunadamente en mi carrera. Cada quien tiene sus decisiones».[464]

Con esa rotundidad zanjó y dio carpetazo la cantante a un tema tan desagradable como pueden ser las envidias entre compañeras.

Así es Maite, una chica que se empeña en seguir siendo sencilla, próxima y con los pies en la tierra. Nada que ver con otras estrellas que llenan el firmamento de la música internacional.

«A diferencia de Britney Spears y Lindsay Lohan, nosotros no andamos con borrachos o con drogas»,[465] dice con orgullo la RBD.

Maite, que cree que «la vida hay que vivirla al máximo, disfrutarla y ser felices»,[466] piensa ya en su futuro. Lejos de dejarse engañar por lo efímero de la fama, trabaja duro para crearse un futuro profesional que le satisfaga una vez termine el sueño de RBD. Sabe que cuando se acabe «no se volverá a repetir».[467]

De momento sigue esforzándose por crecer en el terreno musical y en el artístico. Su sueño sería poder ser algún día una «chica Almodóvar» y trabajar a las órdenes del prestigioso director de cine español.

Hasta que eso llegue, seguirá luchando por su carrera, por sus amigos, por su familia, por su amor y por ser, por encima de todo, una buena persona. Algo que saben de sobra todos aquellos que han tenido la suerte de sentirla.

Sirva como cierre de este breve relato de su vida la descripción que ella misma hace de su persona.

«Tengo defectos, tengo cualidades, nadie es perfecto. Afortunadamente me equivoco y tengo aciertos, porque si no, no aprendería y no podría ser como soy hoy. Lo que sucede es que afuera te encasillan como una imagen, como un producto, como alguien que tiene que estar siempre sonriendo y de buenas. Pero hay días que lloras y gritas. Hay días que estás triste y hay días que estás de mal humor... como todos los seres humanos. Yo he tenido la suerte de ser una persona que afortunadamente puede hacer lo que le gusta, de poder estar haciendo un sueño y realizarme profesionalmente. Pero aparte de eso tengo una vida, una familia, ideales, amigos, un perro, una vida normal: como cualquier humano. La diferencia es que nosotros somos personajes públicos y eso es algo muy bonito, pero también muy exigente».[468]

Y así, en la soledad de su cuarto, dejamos a Maite, la morena de RBD. En los camerinos colindantes descansan sus amigos Poncho, Anahí, Christopher, Dulce y Christian... Seis jóvenes elegidos para la gloria, para el triunfo, para el éxito...

NOTAS

1. Don Francisco, Univisión
2. Hola México
3. Hola México
4. Rebelde
5. Mundo RBD
6. Rebelde
7. Star 2
8. Mundo RBD
9. Star 2
10. En el Bus, Univisión
11. Las Hijas, Canal de las Estrellas
12. Hola México
13. Men's Health
14. Men's Health
15. Men's Health
16. Super Pop
17. univision.com
18. Men's Health
19. Las Hijas, Canal de las Estrellas
20. RBD, Especial Televisa
21. Las Hijas, Canal de las Estrellas
22. RBD, Especial Televisa
23. RBD, Especial Televisa
24. RBD, Especial Televisa
25. Star 2
26. Star 2
27. Super Pop
28. Super Pop
29. Don Francisco, Univisión
30. Super Pop
31. Men's Health
32. Bravo
33. Don Francisco, Univisión
34. Don Francisco, Univisión
35. Hoy Chismógrafo, Televisa
36. Don Francisco, Univisión
37. Don Francisco, Univisión
38. Don Francisco, Univisión
39. Men's Health
40. Las Hijas, Canal de las Estrellas
41. Las Hijas, Canal de las Estrellas
42. Hoy Chismógrafo, Televisa
43. Men's Health
44. Las Hijas, Canal de las Estrellas
45. Super Pop
46. Super Pop
47. Hoy Chismógrafo, Televisa
48. Hoy Chismógrafo, Televisa
49. Las Hijas, Canal de las Estrellas
50. Despierta América, Univisión
51. Bravo
52. Men's Health
53. Men's Health
54. Men's Health
55. Men's Health
56. Men's Health
57. Men's Health
58. Men's Health
59. Men's Health
60. Las Hijas, Canal de las Estrellas
61. Las Hijas, Canal de las Estrellas
62. Las Hijas, Canal de las Estrellas
63. Las Hijas, Canal de las Estrellas
64. Las Hijas, Canal de las Estrellas
65. Las Hijas, Canal de las Estrellas
66. Las Hijas, Canal de las Estrellas
67. Mundo RBD
68. Las Hijas, Canal de las Estrellas
69. Las Hijas, Canal de las Estrellas
70. Las Hijas, Canal de las Estrellas
71. Las Hijas, Canal de las Estrellas
72. Las Hijas, Canal de las Estrellas
73. Las Hijas, Canal de las Estrellas
74. Mundo RBD
75. Las Hijas, Canal de las Estrellas
76. Las Hijas, Canal de las Estrellas
77. Las Hijas, Canal de las Estrellas
78. Las Hijas, Canal de las Estrellas
79. Mundo RBD
80. Las Hijas, Canal de las Estrellas
81. univision.com, Univisión on line y agencias
82. univision.com, Univisión on line y agencias
83. univision.com, Univisión on line y agencias
84. Men's Health
85. Men's Health

86. Men's Health
87. Hola México
88. Hola México
89. Men's Health
90. Mundo RBD
91. Hola México
92. Men's Heatlh
93. RBD, Especial Televisa
94. Hola México
95. La Oreja, Galavisión
96. Las Hijas, Canal de las Estrellas
97. Las Hijas, Canal de las Estrellas
98. RBD, Especial Televisa
99. La Oreja, Galavisión
100. La Oreja, Galavisión
101. La Oreja, Galavisión
102. www.aula21.net
103. La Oreja, Galavisión
104. www.aula21.net
105. La Oreja, Galavisión
106. www.aula21.net
107. La Oreja, Galavisión
108. La Oreja, Galavisión
109. La Oreja, Galavisión
110. La Oreja, Galavisión
111. La Oreja, Galavisión
112. www.aula21.net
113. www.dsalud.com
114. La Oreja, Galavisión
115. La Oreja, Galavisión
116. La Oreja, Galavisión
117. La Oreja, Galavisión
118. La Oreja, Galavisión
119. ondasalud.com
120. La Oreja, Galavisión
121. Rebelde, grupo RBD
122. Star 2
123. univision.com, TV Notas
124. univision.com, TV Notas
125. univision.com, TV Notas
126. univision.com, TV Notas
127. Radio Show Piolín
128. Radio Show Piolín
129. Radio Show Piolín
130. En el Bus, univision.com
131. En el Bus, univision.com
132. RBD (Rebelde) sitio no oficial
133. RBD (Rebelde) sitio no oficial
134. La Oreja, Galavisión
135. Notimex, Terra
136. Notimex, Terra
137. La Oreja, Galavisión
138. La Oreja, Galavisión
139. univisión.com
140. Notimex, Terra
141. Notimex, Terra
142. Notimex, Terra
143. Notimex, Terra
144. Fama
145. La Oreja, Galavisión
146. La Oreja, Galavisión
147. La Oreja, Galavisión
148. La Oreja, Galavisión
149. Oh la la!, Onda Seis TV
150. Oh la la!, Onda Seis TV
151. Oh la la!, Onda Seis TV
152. Oh la la!, Onda Seis TV
153. Oh la la!, Onda Seis TV
154. Oh la la!, Onda Seis TV
155. Oh la la!, Onda Seis TV
156. Oh la la!, Onda Seis TV
157. American Idol, RBD Revolución
158. American Idol, RBD Revolución
159. American Idol, RBD Revolución
160. Don Francisco, Univisión
161. Don Francisco, Univisión
162. La Oreja, Galavisión
163. msn latino, EFE
164. msn latino, EFE
165. msn latino, EFE
166. Don Francisco, Univisión
167. La Crónica de Hoy
168. Las Noticias de México
169. La Oreja, Galavisión
170. La Crónica de Hoy
171. La Crónica de Hoy
172. La Crónica de Hoy
173. Don Francisco, Univisión
174. La Oreja, Galavisión
175. La Oreja, Galavisión
176. La Oreja, Galavisión
177. La Oreja, Galavisión
178. La Oreja, Galavisión
179. Las Hijas, Canal de las Estrellas
180. Las Hijas, Canal de las Estrellas
181. Hola México
182. publispain.com
183. Maxim
184. Star Media
185. La Crónica de Hoy

186. Las Hijas, Canal de las Estrellas
187. univision.com
188. Cien por ciento RBD, Medellín
189. RBD, Especial Televisa
190. Televisa Espectáculos
191. Televisa Espectáculos
192. Televisa Espectáculos
193. RBD, Especial Televisa
194. En el Bus, Univisión
195. Radio Show Piolín
196. Hola México
197. La Crónica de Hoy
198. RBD, Especial Televisa
199. Don Francisco, Univisión
200. Super Pop
201. RBD, Especial Televisa
202. eluniversal.com
203. eluniversal.com
204. Star 2
205. Star 2
206. superchicos.net
207. Radio Show Piolín
208. Bravo
209. Bravo
210. Super Pop
211. Super Pop
212. Super Pop
213. Super Pop
214. Super Pop
215. Super Pop
216. Super Pop
217. Super Pop
218. PRB / CPO, 1994
219. Super Pop
220. PRB / CPO, 1994
221. Super Pop
222. PRB / CPO, 1994
223. Star 2
224. Star 2
225. Star 2
226. Star 2
227. Star 2
228. Mundo de Hoy
229. Mundo de Hoy
230. Star 2
231. Rebelde
232. Star 2
233. La Oreja, esmas.com
234. La Oreja, esmas.com
235. La Crónica de Hoy
236. La Oreja, esmas.com
237. Bravo
238. Bravo
239. Radio Show Piolín
240. Radio Show Piolín
241. Radio Show Piolín
242. Radio Show Piolín
243. Mundo de Hoy
244. Mundo de Hoy
245. Super Pop
246. Bravo
247. Bravo.
248. Super Pop
249. Super Pop
250. www.americatv.com
251. www.americatv.com
252. Star 2
253. Star 2
254. grupos.msn.com
255. Radio Show Piolín
256. Don Francisco, Univisión
257. Rebelde
258. Rebelde
259. Rebelde
260. Agencia EFE, reportero digital
261. Super Pop
262. Mundo de Hoy
263. Rebelde
264. RBD, Especial Televisa
265. Web de la Tele
266. RBD, Especial Televisa
267. RBD, Especial Televisa
268. El Universal de Chile
269. El Universal de Chile
270. El Universal de Chile
271. Radio Alternativo
272. rbd.blogsome.com
273. Hola México
274. Hola México
275. Star 2
276. Rebelde
277. Star 2
278. Star 2
279. Hola México
280. Star 2
281. En el Bus, univision.com
282. Star 2
283. En el Bus, univision.com
284. En el Bus, univision.com
285. RBD, Especial Televisa

286. Star 2
287. Don Francisco, Univisión
288. Don Francisco, Univisión
289. Rebelde
290. Star 2
291. Star 2
292. Star 2
293. Star 2
294. Star 2
295. Don Francisco, Univisión
296. Televisa Espectáculos
297. Televisa Espectáculos
298. Televisa Espectáculos
299. Don Francisco, Univisión
300. Don Francisco, Univisión
301. Don Francisco, Univisión
302. Don Francisco, Univisión
303. Star 2
304. univision.com
305. univision.com
306. Novelas y Espectáculos
307. Novelas y Espectáculos
308. Novelas y Espectáculos
309. Novelas y Espectáculos
310. Don Francisco, Univisión
311. Don Francisco, Univisión
312. Star Media México
313. univision.com
314. quepasapanama.com, 23 abril 2007
315. Rebelde
316. quepasapanama.com, 23 abril 2007
317. www.esmas.com/ritmosonlatino
318. www.pa-digital.com
319. Star 2
320. Star 2
321. Cuarto Poder, Perú 21
322. Cuarto Poder, Perú 21
323. Cuarto Poder, Perú 21
324. Cuarto Poder, Perú 21
325. Cuarto Poder, Perú 21
326. H Hombre
327. Star Media
328. Star Media
329. Star Media
330. Revista Rebelde nº4
331. Maxim
332. Hola México
333. Hola México
334. Hola México
335. Hola México
336. Hola México
337. Rebelde
338. Letra canción Quiero poder, grupo RBD
339. Letra canción Quiero poder, grupo RBD
340. Star 2
341. quepasapanama.com, 23 abril 2007
342. En el Bus, univisión.com
343. Cuarto Poder, Perú 21
344. RBD, Especial Televisa
345. RBD, Especial Televisa
346. La Oreja, Galavisión
347. La Oreja, Galavisión
348. Mundo RBD
349. La Oreja, Galavisión
350. Mundo RBD
351. Amor maldito, grupo Intocable
352. Mundo RBD
353. La Oreja, Galavisión
354. La Oreja, Galavisión
355. La Oreja, Galavisión
356. La Oreja, Galavisión
357. Don Francisco, Univisión
358. Mundo Rebelde
359. Star 2
360. Hola México
361. RBD, Especial Televisa
362. Star 2
363. Star 2
364. People
365. People
366. People
367. Mundo RBD
368. La Raza
369. La Raza
370. La Raza
371. www.univision.com
372. Rebelde nº4
373. Rebelde nº4
374. The New York Times
375. La Raza
376. La Raza
377. La Raza
378. La Raza
379. Rebelde nº4
380. La Raza
381. RBD, Especial Televisa
382. Rebelde nº4
383. La Raza

384. Rebelde n°4
385. 20minutos.com
386. Comunicado oficial de Christian
387. Rebelde, Star 2
388. La Oreja, Galavisión
389. La Oreja, Galavisión
390. AOL latino
391. Reforma, Geomundos
392. esmas.com, Televisa Espectáculos
393. dosmanzanas.com, Diario Reforma
394. La Oreja, Galavisión
395. American Academy of Child and Adolescent Psychiatry
396. La Oreja, Galavisión
397. American Academy of Child and Adolescent Psychiatry
398. Todo para la mujer, El Universal
399. Todo para la mujer, El Universal
400. La Raza
401. Hola México
402. Mundo Rebelde
403. La Raza
404. Hola México
405. Mundo Rebelde
406. Rebelde n°4
407. Hola México
408. Hola México
409. RBD, Especial Televisa
410. RBD, Especial Televisa
411. Don Francisco, Univisión
412. Don Francisco, Univisión
413. Don Francisco, Univisión
414. Star 2
415. Star 2
416. RBD, Especial Televisa
417. Star 2
418. Star 2
419. Revista Rebelde
420. Star 2
421. Star 2
422. Star 2
423. Revista Rebelde
424. En el Bus, univision.com
425. Star 2
426. Star 2
427. Star 2
428. En el Bus, univision.com
429. En el Bus, univision.com
430. Las Hijas, Canal de las Estrellas
431. youtube, Maite habla sobre RBD
432. www.quepasa.com
433. La Oreja, Galavisión
434. www.esmas.com
435. Hola México
436. www.esmas.com
437. www.esmas.com
438. www.esmas.com
439. www.esmas.com
440. La Oreja, Galavisión
441. La Oreja, Galavisión
442. Hola México
443. Star 2
444. youtube
445. Diario Reforma
446. Diario Reforma
447. Diario Reforma
448. quepasapanama.com
449. youtube, Maite sobre RBD
450. youtube, Rebeldemanía
451. Star 2
452. Revista H
453. Notimex
454. Hola México
455. Notimex
456. univision.com
457. quepasapanama.com
458. Mundo de Hoy
459. Noticias México
460. comunidadrbd.com
461. La Oreja, Galavisión
462. Hola México
463. La Crónica de Hoy
464. Televisa Espectáculos
465. Las Noticias de México
466. En el Bus, univision.com
467. En el Bus, univision.com
468. RBD, Especial Televisa

La revolución rebelde, de Juan Luis Alonso Fresco
se terminó de imprimir en noviembre del 2007 en
Litográfica Ingramex, S.A. de C.V.
Centeno 162-1, Col. Granjas Esmeralda,
México, D.F.